# SuperFoco

PROMOVENDO A EFETIVIDADE DAS PESSOAS E DAS ORGANIZAÇÕES

Mário Antônio Porto Fonseca

# SuperFoco

PROMOVENDO A EFETIVIDADE DAS PESSOAS E DAS ORGANIZAÇÕES

EDITORA

©Mário Antônio Porto Fonseca
©Editora Do

Editora Do
http://www.quixote-do.com.br/
Tel: (31) 3324-16-10

Conselho Editorial:
Luciana Tanure
Thásia de Medeiros

Autor:
Mário Antônio Porto Fonseca

Correção ortográfica e gramatical:
Elisa Melo Franco Santos
Thásia de Medeiros

Notas e Revisão crítica:
Larry Mucarzel Lagoeiro Lins
Antonio Candido

Capa
Adriano Ávila Alamy

Catalogação na Publicação (CIP)

|   | Fonseca, Mário Antônio Porto |
|---|---|
| F676 | SuperFoco / Mário Antônio Porto Fonseca; |
|   | Belo Horizonte: Editora Do, 2017. |
|   | 240 p.:il. p&b |
|   | ISBN: 978-85-68657-09-6 |
|   | 1. Administração 2. Administração – Organizações |
|   | 3. Gestão de empresas I. Título. |
|   | CDD: 658 |

Bibliotecária responsável: Fernanda Gomes de Souza CRB-6/2472

*Para Carolina, Hugo, Juliana, Valentina e Letícia,
meus queridos filhos.*

*Para Roberto, Lúcia e Vania,
meus queridos irmãos.*

*Para Silvia, minha querida esposa,
companheira e amiga do dia a dia.*

*Ao meu querido sogro João Braz de Moura Fonseca,
pelo incentivo.*

*Aos meus saudosos amigos Abrahão Oigman
e Paulo Emilio de Almeida Carneiro.*

# Agradecimentos

Rosabeth Moss Kanter, professora da Universidade de Harvard, nos agradecimentos de seu best seller "Quando os gigantes aprendem a dançar", lembra certa ocasião, em que ela escreveu uma coluna para uma revista listando quarenta e cinco maneiras de dizer "obrigado" a funcionários. Ela preocupou-se na época, se isso seria um pouco elementar demais, uma vez que muitos dos passos delineados por ela eram uma simples questão de cortesia humana, se bem que com um certo toque criativo. Para sua surpresa o artigo tornou-se um dos mais solicitados da revista. Ela se perguntou: distinguir alguém com reconhecimento é ainda tão raro, a ponto de os gerentes precisarem de um checklist para saber como fazê-lo? Será que precisaríamos ser lembrados de expressar gratidão por meio de um "muito obrigado"? Espero que não. Por esse motivo, considero tão essenciais os agradecimentos em um livro.

Meu muito obrigado ao amigo Larry Mucarzel Lagoeiro Lins, por todas as suas contribuições que foram efetivas e muito valorosas, o que nos conduziu a sistemáticas reflexões. Ao amigo Antônio Cândido Rodrigues Filho, não só pela revisao dos capítulos, mas também por sua ajuda na estruturação dos workshops e demais produtos do SuperFoco. Ao amigo José Vitório Tavares Moreira pela revisão dos capítulos e suas valiosas contribuições.

A Renata Barcelos, Hugo Roberto Gruppioni Côrtes, Lino Rodrigues Filho, Marco Paulo Figueiredo Soares, e Tadeu Antônio Balbi pelas sugestões.

A toda equipe da Indústrias Reunidas Raymundo da Fonte, pela motivação e empenho com que abraçaram o SuperFoco, tornando-se a primeira empresa brasileira a adotar o método. À Família Raymundo da Fonte, em especial ao CEO Hisbello Andrade Lima, seus diretores, Antônio Bonzoni, Romulo Vale, Osvaldo Scalzo, Romero Longman, Rejane Paranhos, Célia da Fonte; aos colaboradores Moisés Caldas, Carlos Gomes, Carlos Silva, Adnilson Soares, Paulo Ferreira, Rogério Miranda, Maria Christina, Arnaldo Tenório, Marcos Barros, Durval Araújo, Fernando Martins, Marcelo Valença, Filipe Carneiro, Jailson Valentim, Bruno Mulatinho, Clovis Rizzatto, Isaias Júnior, Dirceu Marroquim, e, em especial, agradeço a Luciana Bazante, pela coordenação do processo de implementação, e Mirna Morales, responsável pelo departamento de recursos humanos.

A Danusa Silva e Carlos José, à Família Silva bem como à equipe da COSIL pelas constantes contribuições para o aperfeiçoamento de nosso método.

A Deoclécio Corradi, entusiata e incentivador do SuperFoco.

Ao nosso caro amigo Osvaldo Fonseca, pelas suas vibrantes e sistemáticas contribuições para o aprimoramento e divulgação do SuperFoco.

A Luciana Fonseca Tanure de Castro e colaboradores da editora, Elisa Santos, Ricardo Portilho e Graziani Riccio, em particular a Thásia de Medeiros pela dedicada e competente revisão dos textos, sugestões de melhoria e feitura desse livro.

Aos colegas do ALI (Advanced Leadership Initiative) da turma de 2015, da Universidade de Harvard; Amy Abrams, Warren Adams, Sutapa Banerjee, Gay Elizabeth Browne, Tushara Canekeratne, Alfonso Carrillo, Nouzha Chekrouni, Thomas E. Dans, Tom Dery, William R. Ebsworth, Eduardo Elejalde, Mark Epstein, Charles M. Fleischman, Michael W. Gibbons, Karen F. Green, Akhilesh Gupta, Deborah Hannam, Robert Lee Heckart, Peter R. Holbrook, M.D., Kenneth Kelley, Michael (Mick) Kent, G.V. Jagannatha Kumar, Steve Leveen, Patricia López Aufranc, Hector A. Mairal, Philip Maritz, Judy Perry Martinez, Anne Welsh McNulty, Horst Melcher, Thomas Middleton, Leonard Miller, C. David Moody, Jr, Winifred White Neisser, Michael Pepe, Jacques P. Perold, Keith Raffel, Douglas Renfield-Miller, Jim Sherriff, Montgomery Simus, Dame Jennifer Smith, Lauren States e Denis Weil.

A Issa S. Baluch, da turma de 2012 da ALI, pela motivação e incentivo ao SuperFoco. A Inge Skjelfjord, da turma de 2014 da ALI, pelo seu entusiasmo com a agricultura sustentável.

Aos professores e toda equipe de suporte do ALI, em particular a Jason Dyett, John Kendzior, Julia Martyn, Victoria Marie Royal e Bryan Panzano, liderados pela querida professora Rosabeth Moss Kanter e dedicados a tornar nosso mundo um lugar melhor para se viver.

Ao escrever um livro experimentamos muitas horas de solidão diante de um processador de textos, que nos privam do convívio com pessoas que amamos. Por isso agradeço especialmente à minha querida esposa Silvia, pela compreensão, pragmatismo e cobranças sistemáticas para que terminássemos esse livro. À minha querida mãe, Helena, aos meus filhos Carolina, Hugo, Juliana, Valentina e Leticia, aos netos João, Arthur e Lis e ao genro Gregory Michener, pelo apoio e carinho de sempre. Aos meus irmãos Roberto, Lucia e Vania, a minha cunhada Roseane e aos cunhados Luciano e Caio. Aos meus sobrinhos Luciana, Alexandre, Ana Paula, Bernardo, Pedro, Vítor, Leo e Lis.

# Sumário

Agradecimentos ........................................................................ 9

Prefácio .................................................................................... 19

Introdução ............................................................................... 23

**Capítulo 1: Entropia** ............................................................ **27**

Contexto .................................................................................. 29

O conceito de entropia............................................................ 31

SuperFoco e entropia .............................................................. 32

A metáfora do automóvel......................................................... 34

A busca de medições para a entropia organizacional ....... 34

Pontos importantes ................................................................. 36

Obras para consulta ................................................................ 38

**Capítulo 2: Pensamento Sistêmico** ................................... **39**

Contexto .................................................................................. 41

A importância do pensamento sistêmico ............................ 43

O que é um sistema?................................................................ 46

Definindo as características de um sistema...................... 49

Construindo a casa do pensamento sistêmico................. 53

O perfil do pensador sistêmico............................................. 62

A fábula: Os cegos e o elefante.............................................. 62

Obras para consulta ................................................................ 66

**Capítulo: SuperFoco** ............................................................ **67**

Contexto .................................................................................. 69

O que é o SuperFoco?.............................................................. 71

Os quatro pilares do SuperFoco............................................ 74

Foco ......................................................................................... 75

Motivação ................................................................................ 76

Presença .................................................................................. 76

Rituais.................................................................................... 77

Os fatores críticos de sucesso e as tarefas críticas ............ 78

Os benefícios obtidos
com a implantação do método SuperFoco.......................... 79

Obras para consulta ............................................................ 82

## Capítulo 4: Foco................................................................. 85

Contexto............................................................................... 87

O que é foco......................................................................... 89

O porquê do foco ................................................................ 89

Por que focar?...................................................................... 90

Por que focar e manter-se focado é tão difícil?.................. 91

Como focar .......................................................................... 91

Obras para consulta ............................................................ 94

## Capítulo 5: Motivação ....................................................... 95

Contexto............................................................................... 97

O que é motivação? ............................................................. 99

O porquê da motivação....................................................... 100

Como motivar ...................................................................... 100

Abordagem 1: fatores de motivação no
ambiente de trabalho.......................................................... 102

Abordagem 2: alinhamento das expectativas
entre chefes e subordinados............................................... 104

Passo a passo para as abordagens 1 e 2 ............................. 105

Direcionando a energia canalizada pela motivação ........ 107

Análise dos gráficos ............................................................ 107

O que é supermotivação? .................................................... 108

Obras para consulta ............................................................ 109

## Capítulo 6: Presença...........................................................111

Contexto............................................................................... 113

O que é presença?................................................................ 115

O porquê da presença ........................................................... 116

Como estar presente ............................................................ 117

O processo da presença ........................................................ 119

Ritual da presença nas tarefas críticas ............................... 119

Obras para consulta ............................................................. 123

**Capítulo 7: Rituais ................................................................. 125**

Contexto ................................................................................ 127

O que é ritual? ...................................................................... 129

O porquê dos rituais ............................................................. 130

Como realizar rituais ........................................................... 131

Reuniões ................................................................................ 131

As reuniões no SuperFoco .................................................... 138

Obras para consulta ............................................................. 140

**Capítulo 8: Três perspectivas privilegiadas**
**para observar as organizações ............................................. 141**

Contexto ................................................................................ 143

O sistema organizacional ..................................................... 145

A perspectiva do comportamento ......................................... 146

Os três elementos básicos das organizações:
tarefas, indivíduos e grupos ................................................. 146

A organização ....................................................................... 149

O ambiente e sua importância ............................................. 149

A síntese da perspectiva do comportamento ....................... 150

A perspectiva dos processos ................................................ 151

Planejamento ........................................................................ 152

Operações .............................................................................. 154

A perspectiva da informação e do conhecimento ............... 159

A importância da perspectiva
da informação e do conhecimento ....................................... 162

Dado, informação e conhecimento ...................................... 163

Obras para consulta .............................................. 172

## Capítulo 9: Revisitando a identidade da organização ..... **173**

Contexto ................................................................ 175

O que é a identidade da organização? ..................... 177

A razão da identidade da organização ..................... 179

A declaração da missão ......................................... 180

O que é uma boa declaração de missão? .................. 182

Como criar uma declaração de missão? ................... 183

A declaração dos valores ........................................ 184

O que é uma boa declaração de valores? .................. 186

Como criar uma declaração de valores? ................... 186

A declaração da visão ............................................ 187

O que é uma boa declaração de visão? ..................... 188

Como criar uma declaração de visão? ...................... 189

Obras para consulta .............................................. 192

## Capítulo 10: Reflexões sobre estratégia ...................... **193**

Contexto ................................................................ 195

O que é estratégia? ................................................ 197

Quais questões a estratégia deve responder? ........... 199

Por que formular e implantar uma estratégia? ......... 200

Por que nós devemos dedicar tempo
à formulação da estratégia? .................................... 200

Como é o processo de criação
e implementação da estratégia? .............................. 201

Obras para consulta .............................................. 204

## Capítulo 11: Fatores críticos de sucesso e tarefas críticas ...... **205**

Contexto ................................................................ 207

Geral ..................................................................... 209

O que são fatores críticos de sucesso – FCS? ........... 209

Quais são os benefícios de compreender
os FCS das organizações?.................................................211

Passo a passo para determinar os FCS das organizações........211

O que é um indicador-chave de desempenho – KPI?
Em que ele difere do FCS? ......................................................214

Tarefas críticas ......................................................................216

Definindo tarefa crítica.........................................................218

A micro-organização tarefa crítica ......................................219

Quais são os benefícios de concentrar
esforços nas tarefas críticas?................................................220

Passo a passo para determinar as
tarefas críticas das organizações..........................................221

Acompanhamento das tarefas críticas.................................222

Obras para consulta ...............................................................224

**Anexos**.................................................................................**225**

Anexo I:
Passo a passo para implementação do Superfoco ............226

Anexo II:
Ferramentas para medir o desempenho,
acompanhar e controlar o Superfoco ..................................231

Anexo III:
Glossário................................................................................234

# Prefácio

Estamos vivendo um período marcado por graves problemas como terrorismo, fome, doenças, intolerâncias e vários outros infortúnios que comprometem seriamente o nosso ecossistema e as relações entre nações, gerando tumultos, agitações regionais e transformações sociais. A sociedade tomou consciência dessas importantes mudanças e problemas e está se movimentando agora como nunca visto, o que reacende as nossas esperanças de construir um mundo melhor para as próximas gerações.

Esses problemas são de dimensões e gravidades tais que exigem esforços ainda maiores para solucioná-los, dadas as exigências de reparo dos danos causados e de recuperação das condições naturais do nosso planeta. Para a resolução desses problemas são necessários aportes em escala, os quais provêm predominantemente das organizações, entidades geradoras de riquezas e, idealmente, do bem social.

Os governos e as ONGs recolhem suas receitas de impostos e filantropia predominantemente da mesma fonte multicelular, um organismo econômico mundial: as empresas. Para que possam pagar seus impostos e comparecer com eventuais doações, as organizações precisam auferir lucro, atendendo às necessidades dos seus clientes a um custo menor do que eles pagarão pelos produtos ou serviços ofertados.

A solução dos graves problemas sociais requer, portanto, o forte engajamento das organizações, não apenas por serem elas a principal fonte de recursos da sociedade, mas também porque dão suporte à evolução da própria sociedade, atuando como entidades produtoras, comerciais e sociais, suprindo as necessidades do mercado, utilizando os avanços tecnológicos e metodológicos para a produção de bens cada vez mais evoluídos e acessíveis, criando harmonia entre o interesse pelo lucro e o trabalho.

As organizações desenvolvem e executam estratégias que possibilitam sua sobrevivência, desenvolvimento e perpetuação como estruturas basilares e são um dos principais sustentáculos da sociedade. Por conseguinte, governos, empresas e ONGs fazem parte de um todo que só sobrevive do trabalho conjunto. Malgrado todas as dificuldades, apenas o esforço conjugado será capaz de promover o bem social, encaminhando soluções para os problemas e pavimentando o caminho para novas conquistas, que darão testemunho da nossa capacidade.

O professor Michael Porter, da Universidade de Harvard, e seu colega Marc Kramer desenvolveram o conceito de *criação de valor compartilhado*, que pressupõe uma ação sinérgica e muito bem coordenada entre empresas, sociedade (por intermédio das ONGs) e governo, um trabalho que resultaria na solução de problemas e atendimento das reais necessidades sociais. Eles sugerem que a criação de valor compartilhado pode ser obtida por três caminhos:

- Por meio da reconfiguração de produtos e mercados;
- Na redefinição da produtividade da cadeia de valor;
- Na construção de *clusters* que suportem a indústria no local em que está instalada.

Para se reconfigurar produtos ou mercados é fundamental o envolvimento da sociedade, pois isso permite que as empresas identifiquem as reais necessidades da população e, por meio de um processo inovador com fins lucrativos, ofereçam soluções criativas para o pleno atendimento dessas demandas. Quando isso ocorrer, teremos alcançado de forma simultânea e harmônica o crescimento social e econômico (a ideia do "ganha-ganha").

Os dois outros caminhos, redefinição da produtividade na cadeia de valor e construção de *clusters* que suportem a indústria localmente, exigem uma forte interação entre governos e empresas, de modo a reduzir as externalidades (influências do meio onde se encontra a empresa, como por exemplo falta de infraestrutura logística, escolas etc.) para que se aumente a produtividade da cadeia de valor.

Dessa maneira, o lucro será obtido do real atendimento às necessidades e problemas crônicos da sociedade. O lucro só ocorrerá quando as empresas estiverem atendendo às necessidades sociais de forma efetiva. Isso cria uma espiral positiva, em que quanto mais as necessidades sociais estiverem sendo atendidas, mais lucros estarão sendo obtidos.

Por isso, acreditamos que o tema criação de valor compartilhado estará na agenda dos executivos até a próxima década!

Devido à dimensão e complexidade dos problemas sociais, uma nova safra de líderes será necessária, e os grandes passarão a ser *líderes avançados*. A grande liderança será transformada em liderança avançada. Esse novo estilo de liderança:

- Conecta o que não está ainda conectado. No nosso caso: ONGs, governos e empresas;
- Encontra caminhos através da ambiguidade. No nosso caso, por meio do rompimento definitivo com o *trade-off* entre crescimento social e econômico;
- Define pequenos passos na busca de uma grande visão;
- Faz com que as pessoas se tornem responsáveis.

E o que esperar desses líderes avançados?

- Soluções criativas, colaborativas e orientadas para o resultado;
- Que advoguem mudanças de alto impacto (compatíveis com a dimensão dos problemas sociais);
- Que adotem ferramentas e estruturas para transformações sistemáticas;
- Que busquem trabalhar efetivamente nas situações não familiares, levando em conta o contexto e as normas institucionais.

Mais do que nunca, precisaremos de líderes avançados para ajudar na solução dessas complexidades, derivadas de uma sociedade desconectada, onde numerosas organizações possuem suas próprias agendas, relativamente independentes umas das outras (em alguns casos, sobrepostas ou até mesmo conflitantes), o que impede uma mudança social.

A professora Rosabeth M. Kanter, em seu artigo para a Harvard Business School (adotado no programa Advanced Leadership Initiative, que busca formar líderes avançados), afirma que durante suas pesquisas e projetos de consultoria identificou seis habilidades desenvolvidas por esses líderes. Uma dessas habilidades é "dominar as situações difíceis persistindo e perseverando". A professora Rosabeth formulou sua própria lei de gerenciamento a partir dessa habilidade: "Toda nova ideia pode ter que conviver com problemas antes que se transforme em resultados, o que requer persistência e perseverança".

Devemos persistir e perseverar, pois a sociedade não pode mais conviver com os seus crescentes problemas e não podemos nos contentar apenas com pequenos ganhos no trato desses problemas.

É necessário que criemos um verdadeiro senso de urgência em um grande número de pessoas, principalmente naquelas com maior poder de influência. Quando digo verdadeiro, é porque se esse senso de urgência não for bem trabalhado pode trazer mais problemas do que soluções. Mas, sendo bem desenvolvido e praticado, trará bons resultados para a sociedade, mesmo diante de grandes obstáculos.

Convivemos com forças que atuam sobre nós 24 horas por dia e 365 dias ao ano. É o caso da força da gravidade, que age mesmo quando um avião está voando. Convivemos, ainda, com a tendência à desordem, medida pela entropia, tratada na Segunda Lei da Termodinâmica clássica, que requer constante atenção.

Diante do caráter inexorável das leis da natureza (ou leis físicas, universais), precisamos tê-las sempre em conta, procurando nos beneficiar dos seus efeitos desejáveis e evitando infringi-las para não sofrer surpresas ou consequências não planejadas.

Considerando que as organizações são importantes geradoras de recursos, desenvolvemos o SuperFoco, que tem como missão contribuir com a sociedade, tornando as organizações mais efetivas e facilitando o papel dos líderes avançados! O SuperFoco é um método que possibilita criar nas organizações uma cultura baseada em seus valores fundamentais e propósitos puros. Que essa cultura promova comportamentos que conduzam à melhoria contínua e criem valores para os clientes e para a sociedade, com verdadeiro senso de urgência.

# Introdução

Existem vários bons livros que tratam da importância do foco. Estamos convencidos de que o foco é muito relevante, porém necessita outros recursos e comportamentos para que traga bons resultados. De acordo com a Segunda Lei da Termodinâmica, na natureza há uma constante tendência da ordem se transformar em desordem. Essa tendência pode ser medida pela *entropia*, que atua 24 horas por dia e 365 dias ao ano, exercendo influência sobre a forma de operar das organizações e sujeitando-as à desordem. Assim, a entropia oferece *feedbacks* importantíssimos sobre a maneira como estamos operando as organizações.

Por isso, precisamos ter a Segunda Lei da Termodinâmica sempre em conta, procurando nos beneficiar dos seus efeitos desejáveis e evitando surpresas ou consequências não planejadas.

Considerando que as organizações são importantes geradoras de recursos, dado que obtêm lucro nas suas atividades, torna-se necessário desenvolver um método, ou seja, um processo racional, que permita criar nelas um ambiente que reduza a tendência à desordem, medida pela entropia, por meio de uma cultura fundamentada em propósitos e valores puros. Essa cultura deve, com verdadeiro senso de urgência, promover comportamentos que conduzam à melhoria contínua e que criem valor para os clientes e para a sociedade. Por esses motivos, acredito que o foco é importante, porém necessita outros recursos e comportamentos. Necessitamos também de rituais para atuar de forma sistemática, combatendo essa tendência à desordem.

No primeiro capítulo tratamos de como o SuperFoco atua nas organizações, com ênfase na tendência à desordem, medida pela entropia. O segundo capítulo é dedicado ao pensamento sistêmico. Para poder entender o complexo precisamos adotar a lente dos sistemas, assim como para apreender o infinitamente pequeno usamos a lente do microscópio e a lente do telescópio para enxergar o infinitamente grande. Com a lente dos sistemas compreendemos o mundo mais amplo, o modo como os sistemas interagem em redes de interdependência.

Aqui vale a máxima de Albert Einstein: "Os problemas importantes com que nos deparamos não podem ser resolvidos no mesmo nível de pensamento no qual foram criados". O pensamento sistêmico pode ser uma expressão, um processo, que pode ser empregado para desenvolver e compreender um sistema, e ainda uma abordagem para solucionar os problemas. As organizações, como sistemas que são, devem ser vistas como um todo. As principais características, bem como sua forma de agir, estão presentes no todo e não na soma de suas partes. O pensamento sistêmico leva em consideração a interdependência entre as partes.

O terceiro capítulo aborda o que é o SuperFoco, a essência do método. O SuperFoco trata de promover ações eficazes e eficientes e a aplicação mais proativa, produtiva e efetiva dos recursos disponíveis (e criados) pela organização, em forte contraposição à tendência natural à desagregação, à degradação de processos, comportamentos e valores e à desordem. O método se estrutura sobre quatro pilares e procura, inicialmente, especificar onde devemos concentrar nossos esforços, definindo os focos estratégicos e operacionais. Em seguida, o Super-Foco potencializa os recursos humanos, motivando e alinhando-os aos propósitos da organização para obter o máximo de energia deles. Essa energia deve ser empregada em trabalho útil e não desperdiçada, focando nas soluções e não nos problemas, mirando o futuro e não o passado, valorizando o fazer e não o criticar.

De forma a atuar sistematicamente contra a tendência à desordem, desenvolvemos os *rituais*, que são reforçados pela presença da liderança. Esses rituais atuam no acompanhamento e controle dos *fatores críticos de sucesso* (FCS) e das *tarefas críticas* (TCs), que são os nossos focos estratégicos e operacionais. Os rituais ajudam a exercitar o empoderamento e a avaliar o grau de motivação e o senso de urgência individual e da equipe.

Os capítulos 4, 5, 6 e 7 procuram detalhar cada um dos pilares que suportam o SuperFoco, quais sejam, o *foco*, a *motivação*, a *presença* e os rituais.

No capítulo 8, veremos a organização sob três perspectivas privilegiadas, que são as perspectivas do comportamento, do processo e da informação e conhecimento. O estudo detalhado da anatomia da organização tem um valor significativo para a compreensão e análise da mesma. Facilita sobremaneira o seu processo comunicacional e decisório.

O capítulo 9 trata do conceito de identidade corporativa. Atualiza o conjunto de características, valores e crenças com que a organização se identifica e que a diferenciam de outras organizações presentes no mercado. A identidade corporativa representa a própria personalidade da organização, isto é, a sua forma de ser e de fazer, a qual é, ou deveria ser, partilhada por todos os seus colaboradores.

Essa identidade corporativa depende de quatro fatores principais: a cultura organizacional, o comportamento corporativo, a identidade visual e a comunicação corporativa. Nesse capítulo, a razão de ser da organização, expressa pela missão, pela visão de futuro e pelos comportamentos derivados das crenças, é explicitada, permitindo sua devida comunicação para todos os colaboradores.

O capítulo 10 é dedicado a uma reflexão sobre a estratégia. Esse termo tem sido usado de forma indiscriminada e, como resultado, perdeu a precisão de seu significado. Ao visitarmos as organizações, ouvimos menções a estratégias de *marketing*, de RH, estratégias para retenção dos clientes, para internet, para gerenciamento de custos etc. A estratégia tem sido comumente adotada para descrever alguma coisa prioritária, muito grande ou a ser realizada a longo prazo. Entretanto, *não* é em virtude do tamanho, peso ou tempo que se define a estratégia, mas devido ao seu foco único! Estratégia é a estrutura de escolhas que determinam a natureza e a direção de uma organização.

O capítulo 11 trata dos Fatores Críticos de Sucesso (FCS) e das Tarefas Críticas (TCs), fatores aos quais o SuperFoco dedica especial atenção. Os FCS e os *indicadores-chave de sucesso* (*KPIs*) são definidos a partir de suas participações e influências determinantes no cumprimento das estratégias e dos objetivos. Os FCS e as medidas relacionadas a eles contribuem para a ligação das atividades do dia a dia com as estratégias da organização. Vamos abordar dois dos mais universais FCS para todas as organizações:

- Sistema para medição do desempenho;
- Processo para promover a inovação (inovação é diferente de criatividade).

Quando se trata das TC, é necessário ir a fundo, buscando saber como o trabalho é feito e quem o faz. Os processos tratam de como o trabalho é feito, das pessoas que o executam, enquanto a tecnologia trata de como a realização desse trabalho se torna possível. Todos os ativos da organização que não estejam sendo utilizados pelos processos passam a ter pouco ou nenhum valor. Dessa forma, os processos podem ser considerados como *superativos*, por conferir utilidade e mais valor aos demais ativos da organização.

Finalmente, três anexos encerram o livro. O Anexo I apresenta um passo a passo para implementação do SuperFoco; o Anexo II lista ferramentas para medir o desempenho, acompanhar e controlar o SuperFoco; e o Anexo III é um pequeno Glossário com termos que o ajudarão a compreender e expressar as ideias desse livro.

O primeiro passo para as organizações alcançarem a sustenta-bilidade é tornarem-se efetivas. Organizações efetivas consideram o meio ambiente como parte de seu negócio, respeitando-o profunda-mente, minimizam seus desperdícios e sua pegada de carbono. Além disso, têm um profundo respeito para com as pessoas e a sociedade. Procuram realizar lucros desenvolvendo produtos, serviços e infor-mações que atendam às reais necessidades sociais. Por isso, publicar esse livro é, para mim, uma enorme satisfação.

## *Capítulo 1*
# ENTROPIA

*Assim como o constante aumento da entropia é a lei básica do universo, a lei básica da vida é tornar-se cada vez mais estruturado e lutar contra a entropia.*

*— Václav Havel*

# Propósitos

- Apresentar o conceito de entropia e sua aplicação no estudo das organizações;
- Apresentar o SuperFoco como uma ferramenta para impedir significativamente o aumento da entropia nos sistemas organizacionais;
- Apresentar a metáfora do automóvel como complemento à compreensão do impacto da entropia nas organizações;
- Apresentar uma proposta para a medição da entropia organizacional.

# Resultados Esperados

- Melhor entendimento do que é entropia no contexto organizacional, como ela age e quais são as consequências na efetividade organizacional;
- Consciência de que focar em poucos e importantes pontos, motivar e alinhar as pessoas, adotar rituais de presença e rituais de acompanhamento e controle é fundamental para se opor à entropia organizacional.

# Contexto

Não é difícil ver a entropia em ação no nosso dia a dia. Deixe esse livro na sua estante por anos e você irá observar que suas folhas se amarelarão, ficarão manchadas e até se desintegrarão, a menos que algum habilidoso restaurador faça um trabalho de recuperação. Se na sua vizinhança houver uma casa abandonada, você poderá ver que as ervas daninhas estão presentes no jardim e que a pintura das portas está descascando. De forma similar, é possível perceber o mesmo nas organizações que não têm sido bem administradas. Nelas se observa uma grande dispersão de energia, o cliente é um incômodo, as linhas de produção são desorganizadas, as pessoas estão desmotivadas e desalinhadas e, naturalmente, se instala o "amanhã resolveremos isso".

O que se pretende com todos os conceitos formulados pelos especialistas em gestão é se opor ao aumento da entropia nas organizações. O que se procura é acabar com as ervas daninhas que estão continuamente crescendo no jardim organizacional.

Mesmo com reversão total, um grande avião de passageiros leva centenas de metros para parar. Chamamos essa propriedade da massa (resistência a uma mudança de movimento) de inércia. Nas organizações, a inércia é a incapacidade de se adaptar às novas circunstâncias. Sabe-se que, mesmo com programas de mudança operando a plena carga, são necessários anos para mudar o funcionamento das organizações. Simultaneamente, existe uma tendência nas organizações à desorganização, e essa desorganização é medida pela entropia. Ambas, inércia e entropia, trazem várias implicações às organizações. Quando olhamos para fora da organização, a inércia e a entropia dos concorrentes nos permitem sobreviver e remunerar adequadamente o capital empregado. Quando olhamos para dentro de nossa organização, o grande desafio pode não ser as ameaças externas, mas sim os efeitos da entropia e da inércia.

Neste capítulo procuramos tratar a entropia como um conceito da física (termodinâmica) e de sua aplicação ao estudo das organizações. Procuramos associar a entropia à saúde da organização. Conforme veremos a seguir, as empresas saudáveis apresentam baixa entropia, enquanto as empresas doentes sofrem com alta entropia.

# Conteúdo do capítulo

- Conceito de entropia
- SuperFoco e entropia
- A metáfora do automóvel
- A busca de métricas para a entropia organizacional

# O conceito de entropia

Não pretendemos aqui abordar a entropia em toda a sua complexidade definida pela lei da termodinâmica, mas apenas o suficiente para aplicarmos esse conceito às organizações.

Os seres humanos criam coisas maravilhosas, porém toda criação se deteriora com o tempo. Todos os organismos vivos se deterioram com o tempo. O novo se transforma em velho. A ideia de irreversibilidade é central na compreensão da entropia. Se assistirmos a um vídeo do nosso dia a dia de forma reversa, logo veremos que existe uma coisa errada. Um vídeo rodando de forma reversa apresenta coisas impossíveis de acontecer, tais como um copo de leite que caiu no chão se reconstituindo e o leite retornando para dentro dele, a fumaça de uma chaminé voltando para dentro dela, a água em um copo se congelando em forma de cubos, carros após uma batida se remodelando e muito mais. A expressão "você não pode retirar o leite do café com leite" é uma forma de tratar a irreversibilidade desses processos. Na termodinâmica nós dizemos que processos como o do cubo de gelo tornando-se líquido e da fumaça subindo ao sair da chaminé são irreversíveis, isso é, não podem acontecer de forma reversa. Todos esses processos têm algo em comum, eles ocorrem em uma direção e nunca retornam à sua condição inicial de forma espontânea. Isso se dá por causa de uma coisa que chamamos de entropia.

---

A entropia pode ser definida como a perda progressiva das relações que formam um sistema, que pode ser uma organização. Ela mede o grau de desordem de um sistema. Quanto maior a desordem, maior a entropia.

---

E o que é a entropia no contexto organizacional?

Podemos dizer que todo sistema está sujeito ao processo de entropia por meio do qual vai passando de estados mais organizados a estados menos organizados e, finalmente, ao caos. Assim sendo, toda organização está sujeita à lei da entropia como uma lei universal.

A organização pode ser considerada como um organismo vivo, é capaz de se relacionar com o ambiente onde está inserida de forma a cumprir o propósito para o qual foi criada e manter-se em equilíbrio.

Desde o primeiro momento de sua existência, a organização está sujeita à entropia, que a leva ao processo de degradação paulatina e sempre crescente. Naturalmente, com a consciência da existência da entropia e com ações sistemáticas para evitar o seu crescimento, podemos controlá-la dentro de certos limites e modificar o ciclo de vida da organização.

Se desejarmos manter a saúde da organização, será necessário empregar recursos do ambiente onde ela está inserida, tais como tecnologia, métodos mais efetivos, financiamentos, recursos humanos qualificados etc. Dessa forma é possível minimizar os efeitos da entropia, prolongando a vida da organização.

Podemos interpretar a entropia de uma organização comparando o estado de deterioração que ela se encontra depois de certo período de atividade, com aquele de quando começou a operar.

Nas organizações industriais esse fenômeno pode ser observado de várias formas, dentre as quais a perda de competitividade, de vendas, de credibilidade etc. Felizmente, é possível diminuir esse processo de deterioração e manter a empresa competitiva. Essa é a missão do SuperFoco.

## SuperFoco e entropia

O SuperFoco é suportado por quatro pilares, dentre os quais: *foco* e *rituais*.

Por quê? Porque somente focar não é suficiente para combater o aumento da entropia, que é uma tendência natural, similar à gravidade, que se faz presente 24 horas por dia e 365 dias por ano!

Assim sendo, precisamos não só focar, mas também ritualizar: criar e manter rituais para sustentar os estados ordenados e perenizar a ordem nas organizações!

---

Essa tendência à desordem está presente dia e noite, sem parar. Para impedir o aumento da entropia, precisamos atuar de forma constante, criando rituais que se transformarão em hábitos.

---

E, concordando com Aristóteles, "Nós somos aquilo que fazemos repetidamente. Excelência, então, não é um modo de agir, mas um hábito".

Os rituais nos levam aos hábitos! E dessa forma poderemos alcançar a excelência.

Essa é a grande missão dos rituais, cultivar bons hábitos para que seus princípios se tornem valores da organização.

---

O SuperFoco, por meio dos seus quatro pilares (foco, motivação, presença e rituais) promove uma mudança de cultura que reforça três aspectos importantes, tornando as organizações mais resilientes, isso é, mais capazes de responder às mudanças do ambiente.

---

São eles:

- *Criação de valor para os clientes.* Sistematicamente nos perguntamos : "Quanto valor está sendo agregado ao nosso cliente pelo que estou realizando agora? Quem é o cliente do nosso cliente? O que posso fazer para ajudar o nosso cliente a criar valor para o cliente dele?" Ao incorporar a *voz do cliente* na organização e buscar atender suas reais necessidades em toda atividade estamos tornando a organização mais efetiva, não desperdiçando energia.

- *Melhoria contínua.* Sistematicamente nos perguntamos: "Como vamos melhorar o que estamos fazendo hoje quando o realizarmos amanhã?" Ao incorporar na organização a busca por melhoria contínua na execução de qualquer atividade estaremos tornando a organização menos suscetível aos efeitos da entropia.

- *Senso de urgência.* Saber distinguir o que é importante e urgente e atuar de forma imediata nesses pontos torna a organização mais efetiva.

## A metáfora do automóvel

Fig. 1 – Um automóvel

Considere que um automóvel médio pesa 1.200 kg e transporta uma pessoa de 60 kg. Muito mais energia é despendida para a locomoção do automóvel, cerca de 95%, do que para conduzir o seu ocupante. Apenas 5% da energia total é utilizada para transportar (atender) o cliente. Ainda devemos considerar que boa parte da energia é transformada em calor pelas diversas perdas no sistema, não sendo utilizada no movimento.

Nas empresas ocorre coisa similar, gasta-se muita energia para "transportar" a empresa e o que sobra para dedicar ao cliente é muito pouco. Em suma, o processo burocrático consome grande parte da energia da empresa. Outro tanto de energia é desperdiçado devido à falta de alinhamento e ao hábito de dar o mesmo tratamento a coisas diferentes, isso é, de tratar as coisas importantes e menos importantes da mesma forma.

Vale ressaltar que a entropia é um conceito de um nível mais elevado que se relaciona aos projetos organizacionais deficientes, enquanto o desperdício é uma consequência.

## A busca de medições para a entropia organizacional

Como vimos anteriormente, caso não tome providências, uma organização gradativamente perde a capacidade de exercer suas funções durante a sua vida (seu período de atividades). *A entropia nas organizações é interpretada como a deterioração que observamos após um certo tempo de atividade sem os devidos cuidados para manter a ordem.* Nas organizações industriais esse fenômeno se apresenta de várias formas, dentre as quais podemos citar a incapacidade de cumprir objetivos e metas acordadas, perda de qualidade e consequentemente de produtividade, perda de

# ENTROPIA

confiança dos clientes etc. Felizmente, é possível pelo menos reduzir o estado de deterioração e, dessa forma, permitir que a organização continue saudável.

Infelizmente, não existem ainda procedimentos específicos para a medição da entropia organizacional, o que é uma pena, pois isso seria muito útil para programar ações corretivas que podem interromper a deterioração das organizações. Porém, podemos reduzir a desordem potencial se nos concentrarmos no que deve ser bem feito. Para isso, devemos focar nossa atenção nos poucos e importantes pontos que alavancarão a organização, motivar e alinhar as pessoas, além de criar rituais de presença e de acompanhamento e controle dos resultados. Dessa forma, alguns poucos indicadores podem ser adotados para que possamos avaliar a saúde da organização e obter algum conhecimento sobre o grau de entropia nela. A avaliação dos indicadores adequados deve ser feita individualmente para cada organização devido à diversidade das empresas. Ao definir os indicadores, devemos criar uma série estatística e avaliar com ela a saúde da organização.

Na prática contábil, mede-se sistematicamente a depreciação dos ativos da organização. Tal depreciação é transformada em valores monetários e inserida no custo de produção. Espera-se que no final de um determinado período esse valor seja reaplicado na organização (reformando os ativos ou substituindo-os por novos), permitindo à organização continuar saudável. Assim, podemos inicialmente avaliar quanto do valor depreciado estamos reaplicando nas organizações e como o estamos fazendo. Esse pode ser um indicador da saúde futura da organização.

> Devemos buscar poucas, porém efetivas, medidas que permitirão dizer se estamos melhorando ou não e, dessa forma, avaliar o desempenho e associá-lo à entropia. Devemos focar em medidas que tratem do resultado do processo, concentrando-nos no fluxo, no ciclo de ponta a ponta até o atendimento do cliente. Devemos criar um histórico dessas medições e avaliar continuamente a sua evolução, associando-o à saúde da organização. A combinação de alguns indicadores poderá melhorar ainda mais a nossa percepção.

Por exemplo, podemos nos perguntar:

- Como está evoluindo nossa qualidade?
- Como está evoluindo nossa pontualidade?
- Como está evoluindo nosso custo?
- Como está evoluindo a nossa utilização dos recursos?
- Como está evoluindo a nossa produtividade?

Com as respostas a essas perguntas poderemos ter uma visão do grau de saúde da organização e sua tendência.

## Pontos importantes

A entropia pode ser definida como a medida da desordem de um sistema. Ou, ainda, como a perda progressiva das relações que formam um sistema, que pode ser uma organização. Assim sendo, alta entropia significa muita desordem e baixa entropia significa baixa desordem. Para manter uma organização com baixa entropia, necessitamos vigiar os causadores da desordem. O SuperFoco visa a garantir que a energia da organização seja alocada nos pontos que trarão melhores resultados, evitando desperdícios. Uma vez definido e comunicado onde devem se concentrar os esforços, é preciso motivar e alinhar as pessoas para que elas deem a maior contribuição possível para o alcance dos resultados. Esse alinhamento e motivação são reforçados sistematicamente por meio dos rituais de presença, onde os gestores se apresentam regularmente de forma estruturada. Finalmente, todo esse processo é regularmente acompanhado nos rituais de acompanhamento e controle.

Sabemos que o que gasta muita energia não é adquirir conhecimento novo, mas apagar da memória o conhecimento antigo, pois existe uma inércia que nos prende aos hábitos passados. Nesse ponto, os rituais, por acontecerem de forma sistemática e repetitiva, são uma ferramenta importantíssima para a superação da inércia e combate à entropia.

O SuperFoco, por meio dos seus quatro pilares (foco, motivação, presença e rituais) promove uma mudança de cultura que reforça três aspectos importantes, tornando as organizações mais resilientes:

- Criação de valor para os clientes;
- Melhoria contínua;
- Senso de urgência.

Apesar de não existirem procedimentos específicos para medir a entropia nas organizações, podemos buscar algumas medidas que permitirão dizer se estamos melhorando ou não e, dessa forma, avaliar o desempenho da organização e associá-lo à entropia. Devemos focar em medidas que tratem do resultado do processo e não no número de vezes que uma determinada atividade foi executada. Devemos criar um histórico dessas medições e avaliar continuamente a sua evolução, associando esse histórico ao grau de saúde da organização. A combinação de alguns indicadores poderá melhorar ainda mais nossa percepção.

## Neste capítulo, abordamos as seguintes questões:

1. O que é entropia?
2. Como podemos interpretar a entropia no contexto organizacional?
3. Como podemos observar a entropia nas organizações?
4. Como o SuperFoco, como uma ferramenta organizacional, pode impedir significativamente o aumento da entropia nos sistemas organizacionais?
5. Apesar de não termos ainda procedimentos específicos para medir a entropia nas organizações, como podemos medir o estado entrópico de uma organização?

Faça agora uma reflexão. Considere que antes de ler esse capítulo você não conhecesse o conceito de entropia. Após lê-lo e compreendê-lo, o que mudou no seu comportamento? Como você observará doravante as organizações?

## Obras para consulta

BEN-NAIM, Arieh. *Entropy demystified*: the second law reduced to plain common sense. [s.l.]: World Scientific, 2008.

CIMBLERIS, BORISAS; UNIVERSIDADE FEDERAL DE MINAS GERAIS. *Entropia e energia utilizável*: introdução ao estudo da entropia e de algumas aplicações simples à engenharia térmica. 1964. Manuscrito.

GEORGESCU-ROEGEN, Nicolas. *The economy law and the economic process*. Cambridge (USA): Harvard University Press, 1971.

LEMONS, Don S. *A student's guide to entropy*. Cambridge: Cambridge University Press, 2013.

RIFKIN, Jeremy; HOWARD, Ted. *Entropy*: a new world view. New York: Bantam New Age Books, 1981.

*Capítulo 2*

# Pensamento Sistêmico

*Pensamento sistêmico - um modo novo de enxergar e enquadrar mentalmente o que vemos no mundo; uma perspectiva e modo de pensar globais em que, primeiramente, visualizamos a entidade ou unidade como um todo, e sua adaptação e relacionamento junto ao meio, tendo fundamental importância - as partes ocupando um segundo plano.*

*– Stephen G. Haines*

# Propósitos

- Apresentar o que vem a ser o *pensamento sistêmico* e sua importância;
- Apresentar o conceito de *sistema* e suas características;
- Apresentar os blocos que nos permitem entender o conceito de sistema;
- Apresentar o perfil do pensador sistêmico.

# Resultados Esperados

- Compreensão do que é pensamento sistêmico e sua importância;
- Distinção entre *o que é* e o que *não é* um sistema;
- Compreensão das características de um sistema;
- Compreensão dos constituintes de um sistema;
- Conhecimento do que é o perfil do pensador sistêmico;
- Melhor aprendizado e desempenho da organização.

# Contexto

Nossa ideia de inserir um capítulo que trata do pensamento sistêmico se prende à importância fundamental da visão sistêmica no direcionamento dos problemas do dia a dia das organizações. Somos hoje o produto das decisões que tomamos durante nossas vidas. A decisão é um ato e a sua qualidade depende da qualidade do processo decisório. As lentes dos sistemas nos permitem observar as consequências das nossas decisões. A perspectiva dos sistemas nos proporciona uma melhor visão do todo, permitindo-nos ser mais efetivos em nossas reflexões, comunicações, resoluções de problemas e em nossa maneira de atuar. O pensamento sistêmico permite-nos solucionar os problemas de hoje sem comprometer o futuro.

## Conteúdo do capítulo

- A importância do pensamento sistêmico
- O que é um sistema?
- Definindo as características de um sistema
- Construindo a casa do pensamento sistêmico
- O perfil do pensador sistêmico
- A fábula "Os cegos e o elefante"

## A importância do pensamento sistêmico

Vamos nos dedicar à abordagem sistêmica. Da mesma forma que a adoção da lente do microscópio nos permitiu entender o infinitamente pequeno, e adotar a lente do telescópio nos permitiu compreender o infinitamente grande, aqui, para entender o infinitamente complexo precisamos adotar as "lentes dos sistemas". Essa ação maximiza a efetividade dos negócios, possibilitando tomadas de decisões mais transparentes e menos reativas, definições mais assertivas de prioridades e da alocação de recursos, além de contribuir para previsões, geração de novas ideias e alinhamento da organização, mantendo a empresa na rota certa.

A avaliação sistêmica não se atém aos limites das tarefas, mas os expande para incluir outros fatores da organização e além dela, tornando possível identificar pontos-chave promotores da alavancagem do sistema.

Fig. 2 – Lentes dos sistemas - Adaptado de *The Macroscope*, Rosnay Joel

O pensar sistemicamente e o emprego das lentes dos sistemas se referem a um conjunto de ferramentas poderosas, entre as quais figuram diagramas causais de *loop*, estoque, fluxo e modelos de simulação, que nos ajudam a mapear e explorar a dinâmica da complexidade. São atos que contribuem para a formação de uma perspectiva única sobre a realidade, que aguça a nossa consciência do todo e de como os componentes dessa totalidade se inter-relacionam.

> A partir do pensamento sistêmico você vê um todo, uma teia de relações, ao invés de focar apenas no detalhe de qualquer peça particular. Eventos são vistos no contexto mais amplo de um padrão que está se desenrolando ao longo do tempo.

O que vem a ser pensamento sistêmico será perfeitamente sabido quando entendermos o que não é pensamento sistêmico. Muitos de nós fomos educados com o pressuposto de que a melhor forma de entender alguma coisa é analisá-la, decompondo-a em pequenas partes mais fáceis de entender e controlar. Muitos adotam a análise para solucionar seus problemas do dia a dia. Esse método de fracionar o todo em partes se aplica muito bem em várias situações, como quando vamos organizar livros em uma estante ou saber como um relógio funciona.

No entanto, o problema ocorre quando empregamos a análise de forma generalizada, quando imaginamos que o mundo permanece imutável enquanto o estudamos e que assim continuará durante o tempo em que o dividimos em partes, sem darmos a devida importância aos relacionamentos que se estabelecem. A análise, assim conduzida, produz uma visão limitada da realidade. Sem o seu abandono, precisamos de uma ferramenta mais completa, que nos permita compreender o todo e os seus relacionamentos, requisitos plenamente suportados pelo pensamento sistêmico.

O pensamento sistêmico nos ajuda a expandir a compreensão do todo. Ele nos mostra como:

- Ver o mundo ao nosso redor em termos do todo, ao invés de fracioná-lo em simples eventos, ou fotos do dia a dia;
- Ver e sentir que as partes do sistema trabalham juntas e não como peças isoladas sem relacionamento;
- Ver como o relacionamento entre os elementos do sistema influencia os padrões de comportamento desse sistema;
- Identificar os eventos que levam um sistema a reagir;
- Compreender que a vida está sempre em movimento e mudança;

# PENSAMENTO SISTÊMICO

- Compreender como um evento pode influenciar outro, mesmo que o segundo evento ocorra muito após o primeiro;
- Saber que o que nós estamos vendo ao nosso redor depende de onde nós estamos no sistema;
- Desafiar nossas próprias suposições de como o mundo funciona (nossos modelos mentais) e tomar consciência de como elas nos limitam;
- Pensar sobre como ambos, longo e curto prazo, impactam nossas ações e as dos demais;
- Fazer as perguntas certas quando as coisas não ocorrem conforme planejado.

Todavia, não é o caso de abandonar o pensamento analítico, que tem suas aplicações. Devemos complementá-lo e potencializá-lo com o pensamento sistêmico, passando a contar com maiores recursos para a solução dos problemas do dia a dia da organização.

Em termos simples, o pensamento sistêmico é uma perspectiva, uma opção de ver e falar sobre a realidade que nos ajuda a melhor entender e trabalhar com sistemas, influenciando a qualidade de nossas vidas. O pensamento sistêmico é também um conjunto de ferramentas, já que oferece uma gama de técnicas e dispositivos para capturas visuais e promoção da comunicação sobre os sistemas.

O SuperFoco torna o pensamento sistêmico uma prática, favorecendo o desenvolvimento do hábito de pensar sistemicamente. Para isso, o SuperFoco:

- Reforça a compreensão de como os sistemas funcionam e de como as ações empreendidas podem alterar o comportamento dos sistemas;
- Adota um espectro de formas de pensar que fortalece a busca das soluções dos problemas e encoraja o questionamento;
- Estimula a adoção do pensar flexível, valorizando o novo, percepções emergentes e múltiplas perspectivas;
- Privilegia a visão do todo e não somente das partes, percebe as mudanças de comportamentos no tempo, entende as estruturas dos sistemas, captura as interdependências, as

conexões, as alavancas, as consequências, as acumulações (estoques) e os atrasos;

- Considera a tarefa crítica como um sistema complexo e a adoção do pensamento sistêmico como recurso a ser aplicado na melhoria da execução da tarefa e no combate a todos os desvios que tendem a dificultar o alcance dos objetivos!

## O que é um sistema?

---

Um sistema não é uma velha coleção de coisas. Um sistema é a interconexão de um conjunto de elementos coerentemente organizados de forma a realizar alguma função. É, portanto, um conjunto de partes organizadas e interconectadas em um modelo ou estrutura que produz um conjunto de comportamentos característicos, normalmente classificados como sua função ou propósito. Ou melhor, é a funcionalidade global que emerge da interação de um conjunto de elementos.

---

O termo função é geralmente adotado para um sistema sem a participação humana e o termo propósito para sistemas com participação humana, apesar dessa distinção não ser absoluta, já que muitos sistemas incluem ambos os elementos humanos e não humanos. Dessa forma, ver o mundo sob a perspectiva dos sistemas é ver as funções, e não as coisas.

Um sistema é composto por:

- Elementos;
- Interconexões;
- Função ou propósito.

Por exemplo, simplificadamente, o nosso sistema digestivo inclui os elementos: dentes, enzimas, estômago e intestinos. Tais elementos estão interconectados pelo fluxo físico dos alimentos, num processo regulado por um sofisticado conjunto de sinais eletroquímicos. A

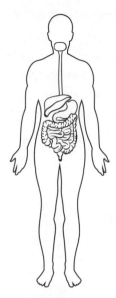

Fig. 3 – O nosso sistema digestivo

função desse sistema é decompor os alimentos em nutrientes básicos que serão transportados pela corrente sanguínea, que é outro sistema, enquanto elimina o que é indesejável.

De forma similar, um time de futebol é um sistema, com elementos tais como os jogadores, o técnico, o campo e a bola. As interconexões são as regras do jogo, as táticas adotadas pelo técnico, a comunicação entre os jogadores e as leis da física que governam os movimentos da bola e dos jogadores. O propósito do time é vencer o jogo, se divertir, se exercitar, faturar alguns milhões de reais ou tudo isso ao mesmo tempo.

Outros exemplos de sistemas são escolas, cidades, empresas, animais, árvores, florestas, que são sistemas maiores que incorporam árvores e animais, e ainda sistemas de enormes proporções, como a Terra e o Sistema Solar. Um sistema pequeno pode pertencer a outro sistema maior ou mais complexo e assim sucessivamente.

Afinal de contas, pode existir algo que não seja um sistema? Sim, um conglomerado sem interconexões ou função não é um sistema.

Os sistemas podem mudar, se adaptar, responder a eventos, se empenhar no cumprimento de metas e se esforçar para sobreviver, como um ser vivo. Os sistemas podem se auto-organizar e se autorreparar dentro de certos limites. Esses são resilientes e muitos até evolucionários.

Quando estivermos olhando para alguma coisa e quisermos saber se é um sistema, devemos fazer as seguintes questões:

- As partes podem ser identificadas?
- As partes se afetam entre si?
- As partes juntas produzem um efeito que é diferente de uma parte isolada?
- O efeito, o comportamento, perdura no tempo mesmo diante de variadas circunstâncias?

Cada sistema é delineado por seus limites espaciais e temporais, delimitado e influenciado pelo seu ambiente, descrito pela sua estrutura e pela finalidade expressa em seu funcionamento.

A teoria dos sistemas enxerga o mundo como um sistema complexo cujas partes são interconectadas. O escopo de um sistema é definido pelos seus limites, o que significa explicitar as partes que estão dentro dele e as que estão fora, que fazem parte do ambiente. Vide figura a seguir:

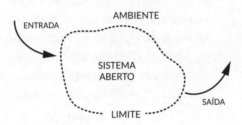

Fig. 4 – Delimitação simplificada de um sistema

Por conseguinte, uma cidade, um organismo e uma célula são exemplos de sistemas. Como também o são um automóvel, uma máquina de lavar e um computador.

Os sistemas variam em complexidade. Porém, como definir complexidade? Para explicar a complexidade recorreremos a duas noções simples, quais sejam, a de variedade dos elementos e a de interação entre eles. Um gás, sistema simples, é formado por elementos semelhantes entre si, moléculas de oxigênio, por exemplo. Esses elementos não são organizados e apresentam fracas interações. Em contrapartida, uma célula, sistema complexo, comporta uma grande variedade de elementos organizados e em estreita interação. Podemos ilustrar a noção de complexidade por meio dos seguintes pontos:

- Um sistema complexo é constituído por uma grande variedade de componentes ou de elementos, que possuem funções específicas;
- Esses elementos estão organizados em níveis hierárquicos internos, como no corpo humano: as células, os órgãos, os sistemas de órgãos;
- Os diferentes níveis e elementos individuais estão

conectados entre si por uma grande variedade de ligações, do que resulta uma alta densidade de interconexões.

A noção de complexidade liga-se, portanto, à de variedade dos elementos e das interações. Daí resulta um comportamento particular dos sistemas complexos, de difícil previsibilidade, caracterizado pela emergência de novas propriedades e por uma grande resistência às mudanças.

## Definindo as características de um sistema

Os sistemas têm um propósito.

Como vimos acima, todo sistema tem algum propósito que é uma propriedade do sistema como o todo e não de qualquer uma de suas partes. Tomemos o exemplo do automóvel. O propósito dele é transportar pessoas ou coisas de um lugar a outro. Esse propósito é uma propriedade do automóvel como um todo, e não pode ser detectado nos pneus, no motor ou em qualquer outra parte isolada.

Vale ressaltar que muitos sistemas têm um propósito distinto em relação ao propósito de um sistema maior em que estão inseridos. Por exemplo, em muitos sistemas sociais encontramos subsistemas cujos propósitos são conflitantes. Na medida em que identificamos os propósitos de um sistema compreendemos como esse sistema funciona e o que podemos fazer para que funcione melhor. Por exemplo, reuniões regulares entre o chefe e o subordinado podem ajudar a minimizar conflitos.

Todas as partes do sistema devem estar presentes para que o sistema possa operar de forma ótima.

Se for possível tirar uma ou mais partes de um sistema sem afetar seu funcionamento, então não se trata de um sistema. Suponhamos uma caixa de ferramentas da qual é retirada uma chave de fenda. Ela continua como uma caixa de ferramentas, todavia com menos ferramentas. A natureza da caixa de ferramentas não foi mudada. De forma similar, podemos adicionar ferramentas sem afetar o funcionamento da mesma, que continua sendo uma coleção de ferramentas. Não um sistema.

---

A ordem na qual arranjamos as partes de um sistema afeta o desempenho do mesmo.

---

Uma coleção de ferramentas, por exemplo, pode ser arranjada de formas diferentes sem que isso afete seu propósito. Porém, as peças de um sistema não podem ser organizadas de forma aleatória. Imagine as peças de um carro rearranjadas de forma aleatória.

---

Os sistemas procuram manter sua estabilidade por meio do feedback.

---

Basicamente, o *feedback* é a transmissão da informação de retorno que permite que o sistema saiba sua posição em relação a um determinado resultado esperado. Por exemplo, a temperatura normal do corpo humano é 37ºC. Se realizarmos um exercício pesado, essa temperatura irá aumentar além dos desejados 37ºC. Esse aumento ativa as glândulas sudoríparas, que promovem o retorno da temperatura ao normal pela transpiração.

---

Nos sistemas, o todo é maior do que a soma das partes.

---

Todos os sistemas vivos consistem em um grande número de interações firmemente ligadas. Como essas interconexões complexas influenciam o nosso dia a dia? Já ouvimos dizer que "o todo é maior do que a soma das partes". No pensamento sistêmico isso significa que as múltiplas interações entre as partes de um sistema conduzem a qualidades ou propriedades que não podem ser obtidas pela mera soma das partes. Por exemplo, a velocidade e o conforto são criados pelas interações das partes de um carro e, dessa forma, são maiores do que a soma de todas essas partes separadas. A velocidade é um exemplo do que chamamos de uma "propriedade emergente", uma propriedade ou um comportamento que surge somente quando promovemos a interação dentro de um conjunto de partes específicas.

Em nosso dia a dia, convivemos frequentemente com propriedades emergentes. Os membros de um time de futebol sabem que, mesmo tendo os melhores jogadores, nem sempre serão os campeões. Por quê? Porque apesar das qualidades individuais eles podem não formar o melhor time. E o que promove um grande time? É qualidade das interações entre os jogadores, o que só se consegue com o tempo e muita prática.

Os pensadores sistêmicos têm uma relação saudável com as propriedades emergentes: procurando entendê-las com profundidade, intervindo quando necessário e promovendo-as.

Nos sistemas, as estruturas influenciam os comportamentos.

Uma forma clássica para explicar como a estrutura de um sistema influencia o comportamento é a utilização da figura de um *iceberg*, ou utilizando o termo "níveis de perspectiva". Em um *iceberg*, somente 10% do gelo aflora à superfície, os restantes 90% permanecem submersos.

Consideremos a seguinte história de Pedro, que trabalha em um escritório de contabilidade no centro da cidade de São Paulo. A empresa premia os funcionários pela pontualidade e o atraso de Pedro o fez perder o prêmio que iria ganhar no fim do mês. Insatisfeito com o acontecido, o chefe direto de Pedro resolveu analisar com mais profundidade o evento que causou o atraso do funcionário.

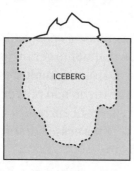

Fig. 5 – Representação esquemática de um iceberg

A princípio, o chefe só pôde observar o evento, ou seja, o atraso, que é a ponta do iceberg, os 10% que estão acima do nível da água. Ao procurar analisar abaixo da superfície, ele percebeu certo padrão de comportamento: Pedro só se atrasava às quartas-feiras na parte da manhã. Ao ser questionado sobre o que acontecia às quartas-feiras, Pedro respondeu que naqueles dias ele era o responsável por levar o filho para a escola, fato que às vezes o impedia de chegar ao trabalho no horário usual. Com uma boa conversa, Pedro e seu chefe exploraram o problema nesse nível e encontraram uma solução para o caso.

Sem dúvida, as coisas que mais nos preocupam e às quais mais facilmente reagimos são os eventos. É onde o fogo está começando a pegar. De maneira geral, nós temos uma tendência a focar primeiro nos eventos, nos concentrando nas ações que devemos realizar imediatamente ao invés de pensar nas causas ou padrões de comportamento que levaram ao evento.

É bom lembrar que reagir ao evento é adequado em muitas situações. Por exemplo, se em determinada curva de uma estrada acidentes são frequentes, a primeira reação é colocar uma sinalização e, a seguir, um redutor de velocidade, até que se possa mudar a própria estrada, aprofundando o nível de tratamento da questão.

Podemos considerar quatro níveis de perspectiva: *eventos, padrões de comportamento, estrutura sistêmica* e *modelos mentais*. Os eventos são as ocorrências com as quais nos deparamos no dia a dia e às quais reagimos normalmente. Por exemplo, produtos com defeito em uma linha de produção durante a troca de turno.

Os padrões são as "memórias" acumuladas dos eventos. Quando arrolamos os eventos numa série temporal, eles nos revelam tendências recorrentes. Por exemplo, notamos que é durante as trocas de turno nas fábricas que ocorre o maior número de produtos com defeito. O exame de padrões como esse possibilita adaptar os processos de modo a extrair o máximo proveito do sistema atual.

As estruturas sistêmicas são as formas nas quais as partes do sistema são organizadas. São essas estruturas que realmente geram os padrões de comportamento e os eventos observados. No exemplo dos produtos com defeito, talvez o esquema de troca de turno não preveja a sobreposição da equipe que está saindo com a que está entrando, o que gera uma maior probabilidade de ocorrerem defeitos nesse horário.

Vale observar que as estruturas podem ser físicas, como a organização do lugar onde se realiza um determinado trabalho, bem como intangíveis.

Neste caso, como os empregados são remunerados, ou ainda como as mudanças de turno são cronometradas. Pela criação de novas estruturas sistêmicas podemos mudar os eventos e os padrões de comportamento.

É oportuno considerar que nós vivemos em um mundo orientado para

# PENSAMENTO SISTÊMICO

os eventos. Notamos eventos muito mais facilmente do que reparamos nos padrões de comportamento e nas estruturas sistêmicas, mesmo que aqueles sejam provocados pelos componentes dos sistemas. A tendência de ver somente os eventos tem a sua origem em nossa história evolucionária, que registra a reação instintiva frente a um perigo iminente desde os primórdios da raça humana. Quando redesenhamos as coisas no nível sistêmico conseguimos resultados futuros muito melhores do que quando simplesmente reagimos aos eventos.

Os modelos mentais são as crenças, imagens e pressupostos profundamente arraigados que temos sobre nós mesmos, nosso mundo, nossas organizações e como nos encaixamos nisso tudo. Significa que as pessoas veem o mundo de maneiras diferentes. As percepções sobre a realidade passam por filtros criados por cada um e, desse modo, só se consegue conhecer parte da realidade. Se tanto.

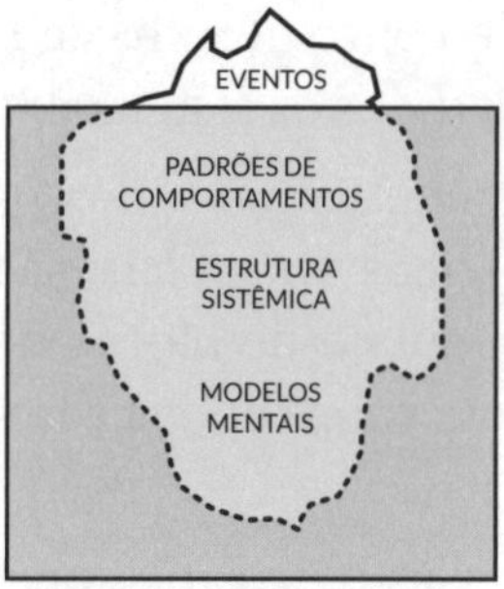

As mudanças nas estruturas sistêmicas irão requerer uma mudança em nossos modelos mentais. A tomada de ações a nível dos modelos mentais é reflexiva, porque requer que nós desenvolvamos a habilidade de questionar nossas próprias crenças sobre como o mundo funciona.

Fig. 6 - Os quatro níveis de perspectiva

## Construindo a casa do pensamento sistêmico

Já tratamos da importância do pensamento sistêmico, já definimos o que é um sistema e como distingui-lo. Agora vamos construir a casa do pensamento sistêmico.

> A razão de ser do pensamento sistêmico é nos ajudar a compreender e ter uma melhor percepção dos sistemas complexos, independente do sistema ser um reator nuclear, a economia de um país ou nosso corpo. O pensamento sistêmico nos ajuda a entender os sistemas, decifrando os blocos de que os sistemas são feitos.

Você pode imaginar que há uma imensa variedade de diferentes peças ou blocos de construção a serem dominados antes que se possa compreender os sistemas complexos. Na verdade, a rica variedade de sistemas com a qual nos deparamos não existe devido a uma enorme variedade de blocos de construção. A riqueza observada surge da mistura e correspondência de alguns blocos de construção básicos e relativamente simples que estão presentes em todos os sistemas.

Com efeito, um dos mais poderosos *insights* é que todos os sistemas, independente de serem físicos, biológicos ou sociais, são constituídos por um número relativamente pequeno de blocos de construção, revelando uma simplicidade elegante subjacente à complexidade de sistemas.

Compreender e aprender a reconhecer esses blocos de construção genéricos é uma poderosa ferramenta que nos permitirá ver através da complexidade as estruturas mais profundas e os padrões que conduzem e explicam fenômenos de aparente complexidade.

O que são esses blocos de construção? Para explicá-los vamos usar um exemplo simples, familiar, a banheira. É uma metáfora apropriada, porque a entrada e a saída de energia do nosso corpo não são diferentes do enchimento e da drenagem de uma banheira. Além disso, a água, ao contrário da energia, é algo que podemos ver e tocar. Portanto, visualizar como uma banheira funciona é muito mais simples para o nosso entendimento.

Então, vamos supor que você esteja observando alguém encher uma banheira com água. Vamos assumir que seja para tomar um banho. Observando o processo, o que veremos é:

**Abertura torneira ▸ água que flui ▸ nível de água subindo**

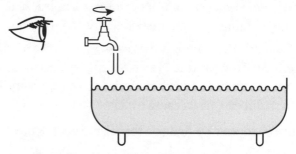

Fig. 7 - O enchimento de uma banheira

Mas espere! Esses subprocessos observados não contam toda a história do enchimento de banheira. Eles perdem a essência do que regula o processo de enchimento, ou seja, a meta da pessoa no que diz respeito ao nível de água na banheira.

Quando enchemos uma banheira para tomar um banho, temos um nível de água desejado em mente, que é o nosso objetivo. Fechamos o dreno, abrimos a torneira e observamos o nível da água subir. À medida que o nível da água sobe, ajustamos a posição da torneira para diminuir o fluxo de água e a fechamos quando a água atinge o nível desejado. Dessa forma, a mais completa e precisa representação, ou modelo, para o que está se passando é exibido pela figura a seguir.

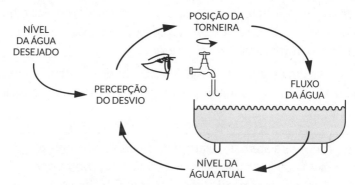

Fig. 8 - Modelo exibindo a meta e relações causais no enchimento

Observemos que a meta (nível de água desejado) e as setas que fazem as conexões, explicitando as relações de causa e efeito, não são visíveis no sistema físico. Se você fosse um extraterrestre tentando descobrir como a banheira se enche, levaria um bom tempo para descobrir que há uma meta invisível e um processo que mede a diferença entre o desejado e o que está acontecendo, processo esse que ocorre na cabeça de quem está manipulando a torneira. Mas se observasse a banheira por tempo suficiente poderia descobrir o que está ocorrendo.

Quando observamos um processo como esse na vida diária, vemos a imagem do diagrama (fig. 7) sem as ligações e, naturalmente, pensamos que a torneira controla a quantidade de água na banheira. Isto é, pensamos em uma só direção, na da causa e efeito:

**Abertura da torneira ▸ água da torneira fluindo ▸ nível de água subindo**

Não fechamos o *loop* mentalmente, não percebemos que não só nossas ações afetam o nível da água, mas o nível de água também afeta nossas ações:

**Abertura da torneira ▸ água da torneira fluindo ▸ nível da água na banheira subindo ▸ ajuste da abertura da torneira**

A influência é mútua ao invés de ocorrer em uma só direção. A abertura da torneira afeta o nível de água, e a água na banheira, que influencia nossa visão e ação, "controla" o momento em que a torneira é aberta e quando ela será fechada.

Este sistema simples nos faz ver e ponderar que enquanto estamos inclinados a pensar em linhas retas, concluímos que essa realidade funciona em círculos. Aprender a "ver" a informação circular que flui dentro de sistemas é importante, porque ela é a chave para controlar o que está para acontecer. Neste caso, a informação ajuda a regular o fluxo de água para encher a banheira até o nível desejado.

Esse sistema simples tem todos os blocos de construção básicos de que todos os sistemas são feitos. Então quais são esses blocos básicos de construção?

---

Todos os sistemas, sejam eles simples ou complexos, biológicos, tecnológicos ou econômicos, podem ser modelados usando três, e apenas três, blocos de construção fundamentais, que são: Armazenamento, (banheiras), Fluxos, (circuitos para a circulação controlados pelas torneiras) Informações (causas, ligações entre eles).

---

Estoques e fluxos são familiares a todos nós. Um estoque é simplesmente um *container* que acumula "coisas", cujo conteúdo aumenta ou diminui em função da quantidade de "coisas" que flui para dentro ou para fora dele. Como vimos, uma banheira é um estoque para onde a água flui pela torneira e de onde ela sai pelo dreno. De forma similar é o nosso corpo: um estoque de gordura que se acumula pela diferença entre a energia que entra quando ingerimos alimentos e a energia que sai quando realizamos atividades físicas.

Com essa aula prática, você aprende em primeira mão:

- Por que é extremamente útil ser capaz de discernir o que é um estoque (banheira) do que é um circuito para a circulação nos sistemas com que lidamos no dia a dia;
- Que se trata de uma habilidade que você vai precisar aprender, já que, em um sistema como o da banheira a distinção pode parecer óbvia, mas em muitas outras situações não o será.

Ao discutir o sistema de controle do peso e da energia no corpo humano, utilizaremos modelos simples como o da figura a seguir. Neles vamos representar os estoques por retângulos, sugerindo um recipiente que contém o conteúdo do estoque. Os fluxos, por sua vez, serão representados por tubos com válvulas. As entradas serão representadas por um tubo com terminação de seta que aponta para o estoque, e as saídas serão representadas por tubos que apontam para fora, condutores da drenagem do estoque.

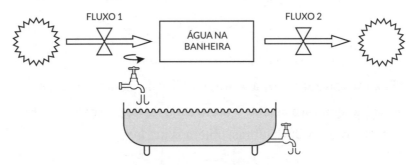

Fig. 9 – Representação de estoque e fluxo do processo

O terceiro bloco de construção representa a ligação da informação (causal) no sistema. Na prática, esse bloco é um pouco mais difícil de distinguir, uma vez que não é tão visível quanto a banheira ou a torneira.

Como mencionado, quando olhamos para algum sistema, vemos

as "coisas". Vemos coisas físicas, isto é, coisas materiais como banheiras, água, notas de reais (R$) e alimentos. Relações causais, por outro lado, não são objetos físicos, são relacionamentos entre esses objetos.

Voltando ao exemplo da banheira: as ações e manifestações físicas, como a abertura da torneira, a água fluindo e o nível de água subindo são prontamente observáveis. Porém, enxergar a ligação de informação causal – informações sobre o nível da água que nos possibilitam ajustar a abertura da torneira para controlar o fluxo de entrada e interromper este fluxo quando a água atinge o nível desejado – exige mais treinamento e esforço.

Uma característica muito interessante e consequente desses nexos causais é que muitas vezes eles formam círculos ou *loops*, e raramente trabalham em uma única direção. No caso da banheira, as duas vias, as interações, que juntas formam um *loop* são:

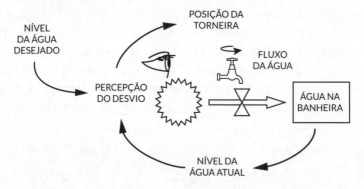

Fig. 10 – Representação das relações e blocos do processo

**Fluxo de entrada de água** ▸ afeta o nível de água na banheira

**O nível de água na banheira** ▸ afeta o ajuste de posição torneira

Ao colocar as duas juntas, obtemos um *loop*:

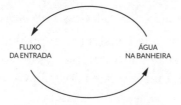

Fig. 11 – Circuito ou malha fechada

PENSAMENTO SISTÊMICO

Aprender com esses exercícios a perceber os processos circulares, chamados *feedbacks*, irá ajudá-lo a se tornar um pensador sistêmico, pois esses processos circulares possibilitam o controle do comportamento dos sistemas, a exemplo do enchimento de uma banheira até o nível desejado, ou da manutenção da temperatura de um cômodo pelo uso de um termostato. Sem o controle realimentado, isso é, sem o *feedback*, seria praticamente impossível para os sistemas, e para nós, alcançar qualquer meta objetivada.

---

O *feedback* é a transmissão e o retorno da informação. A característica mais importante do *feedback* é que ele fornece informação para o sistema que o faz saber como ele está operando em relação a um estado desejado.

---

Pense sobre o exemplo da banheira. Se o sistema fosse simplesmente como representado na figura 7, sem o *feedback* da banheira para o tomador de decisão, como saberíamos quando fechar a torneira? Nunca saberíamos.

O processo circular, ou processo realimentado com *feedback*, que regula o enchimento da banheira, não se aplica só a banheiras. Na verdade, todos os sistemas realimentados contam com a mesma estrutura para atingir seus objetivos. Nosso corpo, nas suas funções orgânicas, processos e atividades vitais, como o crescimento, a nutrição, a respiração etc., não é exceção. Um bom exemplo disso é a forma como a temperatura corporal é mantida a 37ºC.

A figura abaixo mostra dois *loops* lado a lado: à esquerda temos o ciclo de enchimento da banheira, já conhecido, e à direita, o ciclo de *feedback* para a regulação da temperatura corporal. Se a temperatura do corpo subir, em um dia quente ou durante uma atividade física, surge um desvio, cria-se um *gap* entre a temperatura corporal desejada e a temperatura real do corpo.

Quando esse desvio, ou *gap*, é detectado pelos nossos sentidos, o cérebro é avisado e emite um comando para as glândulas sudoríparas, induzindo a transpiração. É a evaporação do suor, viabilizada pela transpiração, que faz com que a temperatura do corpo seja reduzida.

De forma análoga ao exemplo da banheira, onde o aumento do

nível de água nos faz ajustar a posição da torneira e fechá-la quando a água atinge o nível desejado, no controle da temperatura corporal o cérebro depende do *feedback* do corpo. Ao receber a informação sobre a temperatura interna ele pode atuar para que o objetivo seja alcançado, ou seja, para que a temperatura venha sendo reduzida de volta aos 37°C. Uma vez normalizada a temperatura, o cérebro comanda a interrupção do processo de transpiração.

Fig. 12 – Equiparação dos processos

O processo de *feedback* do corpo que regula a temperatura corporal nos atende bem, porque neste caso o objetivo do sistema, manutenção da temperatura corporal em 37°C, é o que idealizamos. Mas, e se os objetivos diferirem? E se estivermos tentando comandar um sistema que imagina estar sendo regulado por um processo de *feedback*, mas seus objetivos estiverem fora da sua meta? Nesse caso devemos esperar resistência. É exatamente o que acontece quando iniciamos uma dieta.

Devido à importância de garantir que tenha energia suficiente para a sobrevivência e reprodução, o corpo humano desenvolveu mecanismos de *feedback* para manter suas reservas de gordura em níveis desejados, realizando um processo de regulação idêntico ao do controle de temperatura. Assim como quando a temperatura corporal cai ou sobe drasticamente, quando perdemos uma quantidade significativa de peso o organismo interpreta essa situação como uma crise ou privação que precisa ser contida, e é.

Para deter a taxa de depleção de tecidos, o corpo compensa abrandando o seu metabolismo, semelhante à substituição de lâmpadas incandescentes por fluorescentes para economizar energia. Isso diminui o gasto energético total e efetivamente reduz o déficit diário de energia, o que, por sua vez, reduz a taxa de perda de peso, para o desapontamento de quem está fazendo a dieta.

O corpo, em outras palavras, resiste à nossa intervenção. A resistência ocorre porque as nossas intervenções, embora bem-intencionadas, estão em desacordo com a natureza ou os objetivos do sistema e, por isso, são neutralizadas. O sistema do corpo humano, com suas diversas conexões, regula as reservas de energia no sentido de protegê-las. Essa é a razão pela qual o peso perdido tende a diminuir com o tempo, mesmo que a dieta prescrita seja mantida. A tendência é que se perca menos peso do que se espera... muito menos! As táticas de perda de peso raramente são tão simples e promissoras como anunciadas.

Vamos agora para um *insight* final sobre o pensamento sistêmico. Enquanto os três processos de *feedback* analisados procuram cumprir suas missões de forma semelhante, existe uma grande diferença entre o da regulação da temperatura corporal e os outros dois, de encher a banheira e da manutenção das nossas reservas de gordura.

No caso da regulação da temperatura do corpo, o objetivo de 37°C é estático, não muda ao longo do tempo, enquanto nos casos da banheira e das reservas de gordura os objetivos não são estáticos. Por exemplo, no caso da regulação da gordura corporal, a meta, também referida como *set point*, é um alvo em movimento que pode ser ajustado ao longo do tempo, como um resultado esperado de ganho de peso.

Essa adaptação, no caso da gordura corporal, é obviamente necessária para permitir o crescimento natural do peso desde a infância até a idade adulta. Ganhar uma significativa quantidade de peso pode provocar a regulação das reservas de energia do corpo a um ponto de ajuste superior, em defesa do peso corporal elevado. O proveito dessa lição prática é claro: não atrase. É crucial deter e então reverter o ganho de peso antes que um ponto de ajuste, um *set point*, maior seja comandado.

# O perfil do pensador sistêmico

O pensador sistêmico é aquele que:

- Enxerga o todo;
- Muda sua perspectiva para ver os pontos que podem melhorar substancialmente para alavancar os sistemas complexos;
- Procura as interdependências;
- Considera a influência de nossos modelos mentais no futuro;
- Presta atenção e considera a visão de longo prazo;
- Procura adotar uma visão ampla para enxergar as complexas relações de causa e efeito;
- Descobre de forma antecipada onde as consequências irão acontecer;
- Foca na estrutura e não na reclamação;
- Mantém a tensão do paradoxo e da controvérsia sem buscar resolver de forma rápida;
- Torna os sistemas visíveis por meio de mapas de causa e efeito e de modelos computacionais;
- Procura evitar estoques ou acumulações pelos atrasos de tempo e inércia que eles podem causar;
- Presta atenção no modelo mental *ganha-perde*, sabendo que pode tornar as situações de alta interdependência piores;
- Se vê como parte do sistema e não como estando fora dele.

# A fábula: Os cegos e o elefante

Sete sábios, cada um de uma religião, discutiam qual deles conhecia realmente a verdade. Um rei muito sábio que observava a discussão aproximou-se e perguntou:

PENSAMENTO SISTÊMICO

–O que vocês estão discutindo?

–Estamos tentando descobrir qual de nós é dono da verdade.

Ao escutar isso, o rei pediu imediatamente a um de seus servos que levasse sete cegos e um elefante até o seu castelo. Quando os cegos e o elefante chegaram ao palácio, o rei mandou chamar os sete sábios e pediu-lhes que observassem o que aconteceria a seguir.

O sábio rei pediu aos cegos que tocassem o elefante e o descrevessem, um de cada vez. O primeiro cego tocou a tromba do elefante e disse:

–É comprido, parece uma serpente.

O segundo tocou-o no dente e disse:

–É duro, parece uma pedra.

O terceiro segurou-lhe o rabo e disse:

–É cheio de cordinhas.

O quarto pegou na orelha e disse:

–Parece um couro bem grosso.

E assim, sucessivamente, cada cego descreveu o elefante de acordo com a parte que estava tocando.

Quando todos terminaram de descrever o animal, o rei perguntou aos sete sábios:

–Algum desses cegos mentiu?

–Não! – responderam os sábios em coro – Todos falaram a verdade.

Então, o rei perguntou:

–Mas algum deles disse realmente o que é um elefante?

–Não, nenhum cego disse o que é um elefante, mesmo porque cada um tocou apenas uma parte dele – disse um dos sábios.

–Vocês, sábios, que estão discutindo quem é dono da verdade, parecem cegos.

Todos estão falando a verdade, mas, como os sete cegos, cada um se refere apenas a uma parte dela – disse o sábio rei, concluindo:

–Ninguém é dono da verdade, porque ninguém a detém por

inteiro. Somos donos apenas de parte da verdade.

Com base em diferentes percepções, pontos de vista e experiências nós podemos apresentar várias descrições da realidade. Entretanto, deve ficar claro que essas descrições são somente mapas e modelos e que a realidade propriamente dita pode ser algo diferente.

Nossa realidade é baseada na experiência de parte da realidade, aquela em que estamos tocando, o que a fábula acima ilustrou com muita clareza. O elefante foi tomado por uma serpente, uma cortina ambulante, uma pedra e uma corda presa, dependendo de onde ele era tocado. Todos os cegos estavam certos. Cada qual interpretou a realidade baseado em sua experiência pessoal. Mas como nenhum deles tocou o elefante como um todo, nenhum deles foi capaz de descrever a realidade total.

Toda fábula encerra uma moral da história, da qual concluímos que "o comportamento de um sistema não pode ser conhecido apenas por meio das partes de que o sistema é constituído".

## Neste capítulo abordamos as seguintes questões:

1. O que significa adotar as lentes dos sistemas e qual é o impacto disso nos negócios?

2. O que é pensamento sistêmico?

3. Como o pensamento sistêmico nos ajuda a expandir a compreensão do todo?

4. Com a adoção do pensamento sistêmico, devemos abandonar o pensamento analítico? Por que?

5. Como o SuperFoco torna o pensamento sistêmico uma prática?

6. O que é um sistema? O que ele contém?

Tendo em vista as questões abordadas, propomos algumas reflexões e exercícios:

- Quais são os elementos, as interconexões e a função ou propósito do nosso sistema digestivo?
- Considerando um time de futebol como um sistema, quais são os elementos, as interconexões e o propósito desse sistema?
- Uma das características dos sistemas é que nos sistemas o todo é maior do que a soma das partes. O que isso significa para você?
- Dê um exemplo de algo que não seja um sistema. Por que não é um sistema?
- Quando estivermos olhando para alguma coisa e quisermos saber se é um sistema, que questões podem ser feitas para nos ajudar a responder essa questão?
- A teoria dos sistemas enxerga o mundo como um complexo sistema cujas partes são interconectadas. Como podemos definir o escopo de um sistema?
- Os sistemas variam em complexidade, porém, como definir complexidade?
- Cite seis características de um sistema.
- Sabemos que os sistemas, independente de serem físicos, biológicos ou sociais, são constituídos por um número relativamente pequeno de blocos de construção, revelando uma simplicidade elegante subjacente à sua complexidade. Quais são esses blocos de construção?
- O que é o *feedback*? Para que ele serve?
- Ao desenhar o perfil de um pensador sistêmico, cite três pontos de destaque.
- Qual a moral da fábula "Os cegos e o elefante"?

# Obras para consulta

CHECKLAND, Peter. *Systems thinking, systems practice*. New Jersey: J.Wiley, 1981.

MEADOWS, Donella H. *Thinking in systems*. White River Junction: Chelsea Green Publishing, 2008.

RICHMOND, Barry. *An introduction to systems thinking*. Lebanon: Isee Sytems, 2004.

SWEENEY, Linda Booth; MEADOWS, Dennis. *The systems thinking playbook*: exercises to stretch and... White River Junction: Chelsea Green Publishing, 1995.

KIM, Daniel H. Introduction to System Thinking. Pegasus Communications Inc, 1999.

ROSNAY, Joel. The macroscope-Harper & Row, Publishers-1979.

O'CONNOR, Joseph & MCDERMOTT, Ian. Systems Thinking. Thorsons, 1997.

STROH, David Peter. Systems Thinking for Social Change. Chelsea Green Publishing, 2015.

## Capítulo 3

# SuperFoco

*A coisa mais importante é manter a coisa mais importante a mais importante.*

*– Jim Barksdale*

# Propósitos

- Apresentar o que é o método SuperFoco;
- Apresentar os pilares que suportam o SuperFoco como uma ferramenta para minimizar os efeitos da entropia;
- Apresentar a independência desses pilares e também sua forte interdependência;
- Apresentar como as interconexões entre os quatro pilares promovem qualidades ou propriedades fundamentais no sistema organizacional;
- Apresentar os benefícios e a simplicidade do método SuperFoco.

# Resultados Esperados

- Motivação para a aplicação do SuperFoco por meio da compreensão do porquê do método e das vantagens que ele traz para as organizações;
- Conscientização do poder do foco como ferramenta para maximização dos resultados e minimização da tendência à desordem nas organizações;
- Conscientização de que as pessoas motivadas e alinhadas com o propósito da organização são fundamentais para garantir a efetividade da empresa;
- Conscientização do poder dos rituais como ferramenta para manutenção do foco, motivação e alinhamento das pessoas na organização;
- Conscientização do poder da presença na qualidade dos processos de comunicação e decisório;
- Conscientização da importância dos quatro pilares do SuperFoco, bem como do inter-relacionamento entre eles;
- Compreensão do que são os *fatores críticos de sucesso* (FCS) e as *tarefas críticas* (TCs).

# Contexto

No mundo atual, em que a comunicação cresce de forma exponencial, tornando todos, como nunca, conscientes dos graves e urgentes problemas sociais, nossa responsabilidade é crescente. As organizações devem exercer um papel preponderante na busca das soluções desses problemas graves e urgentes.

Isso só se dará caso elas alcancem excelência sustentável, e, para isso, devemos conectar os elementos-chave da organização um ao outro e, simultaneamente, conectá-los ao mercado, permitindo assim que a organização se ajuste rapidamente ao ambiente.

O contexto é aquele das organizações que, como sistemas abertos que são, sofrem continuamente os impactos do ambiente em que estão inseridas. Há, portanto, necessidade de decodificar esses impactos na linguagem da organização e atuar de forma a aproveitar todas as oportunidades e mitigar os efeitos indesejáveis, adaptando-se, sendo flexível e respondendo rapidamente às mudanças.

Para isso, é importante encontrar uma forma clara e concisa de apresentar a todos os membros da organização como ela funciona, levando-os a entender as coisas e a compartilhar propósitos. Necessitamos de um método que leve à aplicação dos recursos de forma mais efetiva, que motive as pessoas e as alinhe com os propósitos da organização, promovendo sua presença nos pontos críticos e criando rituais que contribuam para criar uma cultura organizacional enriquecida de seus valores.

Um método que provoque uma mudança na cultura das organizações, promovendo comportamentos que conduzam à geração de valor para os clientes, melhoria contínua e ao verdadeiro senso de urgência, tornando-as mais preparadas para atuar em ambientes cada vez mais incertos. É nesse contexto que se situa o SuperFoco. Ele é um método que aumenta de forma significativa a efetividade das organizações.

# Conteúdo do capítulo

- O que é o SuperFoco?
- Os quatro pilares do SuperFoco:
  - *Foco*
  - *Motivação*
  - *Presença*
  - *Rituais*
- Os fatores críticos de sucesso e as tarefas críticas
- Os benefícios obtidos com a implantação do método SuperFoco

# O que é o SuperFoco?

O SuperFoco é um método que trata de alocar os recursos da organização de forma mais efetiva, bem como de criar rituais para garantir que a organização esteja, sistematicamente, focada no que é mais importante.

Procura manter na mente das pessoas que *o mais importante é manter-se focado no que é mais importante*. Procura, também, manter todos os membros da organização seguindo na mesma direção e com um propósito compartilhado, bem como integrar os recursos e sistemas da organização para o cumprimento do seu propósito.

Em uma organização, uma das principais falhas que um gestor pode cometer é *tratar coisas diferentes de forma igual*. O exercício do focar evita que se caia nessa armadilha. Ao focar direcionamos nossos recursos para onde eles devem ser alocados, separando o joio do trigo. Esse é um dos pilares do SuperFoco, qual seja, o foco.

Vale ressaltar a importância da comunicação, pois os executivos e todo o corpo gerencial e operacional devem estar conscientes de *por que*, *para onde* e *como* estão sendo alocados os recursos da organização.

Sabemos que as leis da física não podem ser ignoradas pelo homem. A lei da gravidade está operando mesmo quando um avião está voando. A lei da entropia da termodinâmica clássica não é exceção à regra: em termos não técnicos, na natureza existe uma constante tendência da ordem se transformar em desordem.

Se não podemos derrotar essas leis, essas tendências, precisamos desenvolver mecanismos de forma a tomar consciência delas para mitigar seus efeitos. O SuperFoco é um método, isto é, um processo racional, que nos permite criar nas organizações um ambiente que não só mitiga o aumento dessas tendências, mas que também cria uma cultura baseada em propósitos e valores fundamentais. Essa cultura promove comportamentos que conduzem à melhoria contínua, à criação de valor para os clientes e a um verdadeiro senso de urgência.

Pense em uma ampulheta – continuamente a areia está passando do compartimento superior para o inferior. Após certo tempo, toda a areia estará no compartimento inferior. Porém, sua energia potencial estará zerada, isto é, toda a energia foi gasta ao passar a areia do compartimento superior para o inferior. Devemos criar meios para minimizar esses efeitos, não somente alocando adequadamente nossos recursos, isso é, *focando*, mas também, de forma sistemática e *ritualizada*, trabalhando para minimizar as consequências dessa tendência.

A tendência de crescimento da desordem atua 24 horas por dia e 365 dias por ano; precisamos não só concentrar nossos esforços nos poucos e importantes pontos, isto é buscar o foco, mas também atuar de forma sistemática contra os efeitos da entropia por meio dos rituais. Esse é o segundo pilar do SuperFoco, qual seja, os rituais.

Dessa forma, podemos, em linhas gerais, entender o SuperFoco como o produto de foco e rituais. O SuperFoco nos ensina a focar nossos recursos nos poucos e importantes pontos e acompanhar, mediante rituais sistemáticos, o quão bem esses recursos estão sendo aplicados e quais são os resultados alcançados.

Consideramos que recursos humanos motivados e alinhados são o recurso mais importante das organizações. Assim, por meio de outros dois pilares, a motivação e a presença, procuramos garantir que esses recursos estejam motivados e alinhados.

Tudo começa quando revisitamos a identidade da empresa (missão, visão, valores e negócio) e a sua estratégia. Daí, buscamos os poucos e importantes pontos nos quais devemos focar nossa atenção de forma a cumprir a missão e alcançar a visão. Chamamos esses poucos e importantes pontos de *fatores críticos de sucesso* (*FCS*).

Denominamos *processos estratégicos-chave* aqueles que criamos para acompanhar e controlar como estamos evoluindo com relação aos FCS. A seguir, analisando o portfólio de produtos e serviços, deliberamos qual tem maior importância para a organização e definimos a *tarefa* mais importante do processo que elabora esse produto ou serviço, aquela que, se não for muito bem executada, irá promover um aumento da entropia na organização, isso é, um aumento da desordem. Ela é denominada *tarefa crítica* (*TC*).

Repetimos esse processo para as poucas e muito importantes tarefas. Assim como fizemos para os FCS, criamos processos para acompanhar e controlar como estamos evoluindo com relação às tarefas. Esses são chamados de *processos operacionais-chave*. Um breve resumo do que fizemos até aqui pode ser visto a seguir:

- Revisitamos a identidade da organização, bem como sua estratégia, e, a partir dessas informações, definimos o foco da organização;
- Focamos toda nossa atenção nos FCS e TCs.

Diag. 1 – Definição do foco da organização.

Focamos nossos recursos em duas famílias de processos, os processos de natureza estratégica e os processos de natureza operacional, que são determinados pelo que chamamos de fatores críticos de sucesso e de tarefas críticas. É aí que o trabalho é feito!

Cada um desses processos tem uma anatomia comum, composta de uma série de passos que produzem algo de valor para aqueles indivíduos ou entidades que deverão ser beneficiados. Esses processos se iniciam com um *evento* e recebem *entradas*, que são transformadas em *saídas*. Para isso, são utilizadas *guias* (orientações) para controlar e gerenciar o processo e *viabilizadores*, como os recursos humanos, sistemas, dados e infraestrutura para suportar sua execução.

As pessoas que tripulam esses processos devem estar motivadas e alinhadas. Devem entender e se comprometer com a identidade da organização, ocupar as posições certas, saber claramente o que lhes será cobrado e ter grande disposição para colaborar com seus pares. Para tal, criamos dois processos adicionais, quais sejam, o processo Motivar e o processo Presenciar.

Os processos Motivar e Presenciar nos permitem motivar e alinhar as pessoas que irão tripular os processos relacionados à estratégia à operação.

Diag. 2 – Propósitos e resultados dos processos Motivar e Presenciar

Criamos também o processo Ritualizar, que visa a acompanhar e controlar os processos estratégicos e operacionais, além de motivar e alinhar as pessoas que tripulam esses processos. Quando as pessoas estão superfocadas, elas também ficam motivadas e alinhadas.

Assim, acabamos de apresentar os quatro pilares que suportam o método do SuperFoco: foco, motivação, presença e rituais, que são representados por quatro processos:

| PROCESSOS | | RESULTADO |
|---|---|---|
| Processo Focar | → | Definição e garantia do foco, além de motivação e alinhamento |
| Processo Motivar | → | Motivação e alinhamento |
| Processo Presenciar | → | Motivação e alinhamento |
| Processo Ritualizar | → | Acompanhamento e controle dos processos, além de motivação e alinhamento |

Diag. 3 – Processos dos quatro pilares do SuperFoco

O SuperFoco busca a efetividade organizacional e minimiza a tendência à desordem a partir do foco e do ritual. Efetividade é quando queremos dizer que uma organização faz as coisas certas (*eficácia*) de maneira certa (*eficiência*).

Resumindo, após determinar onde devemos alocar nossos recursos por meio de um processo que chamamos de Focar, promovemos a motivação por outro processo, que chamamos de Motivar.

Com o processo Presenciar, garantimos a presença dos executivos e do corpo gerencial nos pontos-chave dos processos e nos respectivos rituais, reforçando a motivação e o alinhamento. Mediante um quarto processo, Ritualizar, acompanhamos e controlamos os poucos e importantes processos estratégicos e operacionais, bem como motivamos e alinhamos as equipes.

## Os quatro pilares do SuperFoco

Como vimos, o SuperFoco é suportado por quatro pilares que são, na realidade, quatro processos. Para produtos, temos os seguintes processos:

- O processo **Focar**, cujo produto é o foco;

- O processo **Motivar**, cujo produto é a motivação;
- O processo **Presenciar,** cujo produto é a presença;
- O processo **Ritualizar,** cujo produto é o ritual.

Para cada um desses processos mede-se a eficiência e a eficácia, que são acompanhadas pelo painel de bordo do SuperFoco.

Diag. 4 – Os quatro Pilares do SuperFoco

Esses quatro pilares são independentes, porém fortemente interconectados. Essa interconexão é responsável pelo surgimento de propriedades emergentes na organização, que traduzem os benefícios da aplicação do SuperFoco.

## Foco

> Atenção aos poucos pontos que efetivamente nos conduzem ao cumprimento da missão e ao alcance da visão.

É onde aplicaremos a energia extraída das pessoas, por meio da motivação. Pelo foco ajustamos a direção. Separamos "o joio do trigo". Aprendemos a dizer não.

Adotamos dois processos para promover o foco:

- Foco Estratégico ▶ Para os fatores críticos de sucesso;
- Foco Operacional ▶ Para as tarefas críticas.

Com o SuperFoco estamos sempre focando:

- Nas soluções e não nos problemas;
- No futuro e não no passado;
- No fazer e não no criticar.

## Motivação

---

Motivo para a ação.

---

É o gatilho para extrair a energia interna das pessoas, que será direcionada para os poucos e importantes pontos que mitigam os efeitos da tendência ao aumento da desordem.

Adotamos dois caminhos (gatilhos) para promover a motivação:

- Fatores Motivacionais;

- Alinhamento de expectativas.

Esses dois gatilhos provocam outros vários gatilhos quando trabalhamos os outros pilares. Isso é, quando focamos nossa energia nos FCS e nas TCs, ela produz resultados fantásticos, que aumentam a motivação.

Quando ritualizamos, desenvolvemos o espírito de equipe e adotamos comportamentos emanados pelos valores da organização, o que promove respeito, comprometimento e comunicação empática, que, por sua vez, reforçam a motivação. Quando os gestores adotam os rituais da presença, reforçam ainda mais a motivação. Toda essa energia é focada nos poucos pontos muito importantes!

## Presença

---

Efetivada pelo processo Presenciar, ela está conectada com as habilidades dos diretores e gerentes de se fazer notar, forjar a confiança nos relacionamentos e manter a equipe alinhada com a identidade da organização.

---

A presença promove a motivação, bem como a qualidade de dois processos fundamentais da gestão: o processo de comunicação e o processo decisório. Nesses processos, a direção e os gerentes, de forma ritualística, devem estar presentes nos poucos e importantes locais e nos momentos certos, focando nos três aspectos-chave da presença:

- A presença intencional;

- A presença individual;

- A presença inspiracional.

Desenvolvemos o processo da Presença definindo o mapa (onde, quando, quem), observando, perguntando e ouvindo, de maneira a obter a melhor percepção da realidade.

Diag. 5 – Desenvolvimento do Processo da Presença

PROCESSO DA PRESENÇA

| | | |
|---|---|---|
| O mapa | → | Onde estarão os diretores e gerentes e quando? |
| Observando | → | Como observar? |
| Perguntando | → | Como perguntar? O que perguntar? |
| Ouvindo | → | Como ouvir? |

## Rituais

> São os ritos que acontecem quando juntamos as pessoas em um determinado espaço em determinado momento.

A grande maioria desses rituais se dá nas reuniões e, quando as reuniões são eficazes, o potencial dos resultados é ilimitado; os participantes se sentem motivados e valorizados. Eles colaboram, encontram soluções e tomam decisões voluntariamente. O trabalho é feito!

Adotamos os seguintes rituais:

- Rituais operacionais, ligados às tarefas críticas;
- Rituais estratégicos, ligados aos fatores críticos de sucesso;
- Rituais para acompanhar a eficiência e a eficácia de cada um dos quatro pilares: motivação, foco, presença e rituais.

Os rituais se dão com frequências diversas, podendo ser:

- Anuais ▶ Estratégicos;
- Semestrais ▶ Estratégicos;
- Trimestrais ▶ Estratégicos/Operacionais;
- Mensais ▶ Motivação/Resultados, Estratégicos/Operacionais;
- Semanais ▶ Operacionais;
- Diários ▶ Operacionais.

É necessário desenvolver o Mapa dos Rituais, com o qual é possível avaliar o tempo que a organização dedica à realização dos rituais nos níveis da direção, da gerência e operacional. Por meio desse mapa é possível trabalhar para aumentar significativamente a produtividade das reuniões.

## Os fatores críticos de sucesso e as tarefas críticas

É para onde basicamente dirigimos nossas energias no SuperFoco. Os fatores críticos de sucesso são os poucos e importantes pontos nos quais devemos focar nossa atenção de forma a cumprir a missão e alcançar a visão. Eles têm o poder de conectar a estratégia às operações, aumentando, de maneira significativa, a possibilidade de sucesso na implementação da estratégia. Além dos fatores críticos inerentes à própria empresa, adotam-se sempre outros dois, a saber:

- O desenvolvimento e implantação do processo para medir o desempenho;
- O desenvolvimento e implantação do processo para promover a inovação.

Todos os fatores críticos de sucesso são acompanhados quanto à sua eficiência e eficácia.

---

As tarefas críticas são as poucas tarefas que, se não executadas com precisão, provocarão um aumento significante da entropia (desordem) na organização. Elas são as células da organização!

---

Nelas, devemos introduzir o DNA da organização. A tarefa crítica é considerada uma microempresa. E assim tem fornecedores, processo, produtos ou serviços e clientes.

Os resultados dessa microempresa são acompanhados semanalmente, em ritual específico, com a presença de todos os envolvidos (*stakeholders*), fornecedores, executantes da tarefa e os clientes. Nessa oportunidade, são avaliados os chamados 3 Cs: comprometimento, colaboração e comunicação empática, por meio dos quais avaliamos a motivação da equipe. Uma equipe que se mostra comprometida, colaborativa e que está se comunicando empaticamente é uma equipe motivada!

Três painéis permitem acompanhar de forma visual o desempenho das tarefas críticas:

- O painel de bordo, que apresenta as saídas (produção/qualidade/custo/tempo) para execução/utilização dos recursos;

- O painel de sensorização, que opera como o *feed forward* para a atividade mais crítica;

- O painel de impacto, que mede o impacto dos resultados da tarefa crítica nos relatórios "Demonstrativo de Resultado" e "Balanço", o que permite mostrar a contribuição da tarefa para os resultados da empresa. Esse painel é muito importante, já que apresenta a contribuição da operação para os resultados da empresa.

Durante os rituais que envolvem as tarefas críticas, a liderança, com sua presença, reforça, de forma sistemática, os valores, em particular, os comportamentos emanados por ela. Ela também cria relacionamentos de confiança, gerando lealdade, e alinha a equipe para o cumprimento da missão e a realização da visão, além de inspirar a motivação na equipe. Enfim, cria uma cultura para atender o cliente com falha zero, criando valor para o mesmo, melhorando continuamente e com senso de urgência.

## Os benefícios obtidos com a implantação do método SuperFoco

Quando analisamos uma organização como um sistema aberto, constatamos que os três pontos básicos de um sistema estão presentes:

- Os elementos que compõem a organização;

- As interconexões entre esses elementos;

- O propósito do sistema, isto é, a sua missão.

As interconexões são responsáveis por promover uma das características dos sistemas, a de tornar o todo maior do que a soma das partes. Somente quando montamos um automóvel é que passamos a gozar dos benefícios do conforto, da segurança, da economia etc. Isso é, as interconexões promoveram o aparecimento de propriedades após a montagem de um conjunto de partes e peças.

No SuperFoco existem fortes conexões entre os quatro pilares (motivação, foco, rituais e presença) que fazem aparecer propriedades fundamentais para tornar as empresas não só mais produtivas e estáveis, mas também mais resilientes.

> Uma das maiores contribuições que as organizações obtêm com a adoção do SuperFoco é a atenção dada à resiliência, isto é, a sua capacidade de se recuperar após um distúrbio qualquer.

A consciência que o método promove com relação à resiliência permite que a organização conheça os caminhos a serem adotados para promover a sua recuperação. Essa consciência é introduzida no nível da "célula", isso é, da tarefa crítica, a partir de uma cultura que tem um verdadeiro senso de urgência. Isso reduz de forma significativa o tempo de resposta aos eventos externos. Essa resiliência é obtida no SuperFoco pelas múltiplas e efetivas conexões entre os quatro pilares básicos do método. Conexões que são, de forma sistemática, avaliadas quanto à sua eficiência e eficácia.

Na medida em que os efeitos da tendência à desordem forem mitigados, os executivos passam a ter tempo para olhar para fora da empresa, podendo se antecipar, ou melhor, perceber, com mais clareza a dimensão dos impactos e sua velocidade de atuação.

## Neste capítulo abordamos as seguintes questões:

1. Qual é o propósito do SuperFoco?
2. Ao se aplicar o método SuperFoco nas organizações, quais são as vantagens por elas auferidas?
3. O que é o SuperFoco?
4. Qual é a máxima que o SuperFoco procura manter na mente das pessoas?
5. Quantos e quais são os pilares que suportam o SuperFoco?

6. Quais são respectivamente os produtos dos processos: Focar, Motivar, Presenciar e Ritualizar?

7. O que é Focar? Quais são os dois processos adotados para obtenção do foco?

8. O que é Motivar? Quais são os dois processos adotados para motivar e manter as pessoas motivadas?

9. O que é Presenciar? Como se dá esse processo?

10. O que é Ritualizar? Quais são os três rituais adotados no SuperFoco?

11. O que são os fatores críticos de sucesso? Independente dos fatores críticos inerentes à estratégia da organização, quais são os dois fatores sempre adotados pelo SuperFoco?

12. O que são as tarefas críticas?

13. Quais são os três aspectos para avaliar a motivação da equipe durante os rituais de acompanhamento e controle das tarefas críticas?

14. Quais são os três painéis que servem para acompanhar de forma visual as tarefas críticas?

15. Quais são os três aspectos importantes da cultura criados com a adoção do SuperFoco?

## Obras para consulta

BRACHE, Alan P.; BODLEY-SCOT, Sam. *Implementation*: how to transform strategic initiatives into blockbuster results. [s.l.]: McGraw Hill Professional, 2006.

BURLTON, Roger T. *Business process management*: profiting from process. Indianapolis: Sams, 2001.

DAVENPORT, Thomas H.; HARRIS, Jeanne G. *Competição analítica*: vencendo através da nova ciência. [s.l.]: Elsevier, 2007.

JURAN, Joseph M. *Juran on quality by design*: the new steps for planning quality into goods... [s.l.]: Free Press, 1992.

KANTER, Rosabeth Moss. *Quando os gigantes aprendem a dançar*: dominando os desafios de estratégias, gestão e carreiras nos anos 90. Rio de Janeiro: Campus, 1996.

KHADEN, Riaz; KHADEN, Linda J. *Alinhamento total*. [s.l.]: Elsevier, 2013.

MAHAL, Artie. *How work gets done*: business process management, basics and beyond. [s.l.]: Technics Publications, 2010.

MONTANA, Patrick J.; CHARNOV, Bruce H. *Managemment*. 4th ed. New York: Barron's, 2008.

MOSKOWITZ, Gordon B.; GRANT, Heidi (ed.). *The psicohology of goals*. New York; London: The Guilford Press, 2009.

PARMENTER, David. *Key performance indicators*: developing, implementing, and using... Hoboken: J. Wiley, 2010.

RUMMLER, Geary A.; BRACHE, Alan P. Melhores desempenhos das empresas: ferramentas para a melhoria da qualidade e da competitividade. São Paulo: Makron Books, 1992.

SIEBERT, Al. *The resiliency advantage*: master change, thrive under pressure, and bounce... San Francisco: Berrett Koehler, 2005.

SPITZER, Dean R. *Transforming performance measurement*: rethinking the way we measure... New York: Amacom, 2007.

TAGUE, Nancy R. *The quality toolbox*. 2nd. edition. [s.l.]: ASQ Quality Press, 2005.

TEBOUL, James. *Managing quality dynamics*. Hempstead: Prentice Hall, 1991.

## Capítulo 4
# Foco

*Algumas pessoas acham que foco significa dizer sim para a coisa em que você irá se focar. Mas não é nada disso. Significa dizer não às centenas de outras boas ideias que existem. Você precisa selecionar cuidadosamente.*

*Steve Jobs*

# Propósito

- Apresentar o que é foco, o porquê do foco e como focar.

## Resultados Esperados

- Garantia de que os indivíduos e os grupos da organização estejam alocando seus recursos em poucos e importantes pontos;

- Conscientização dos gerentes de que um dos maiores desafios que eles enfrentam é manter as pessoas, os grupos e a organização focados;

- Conscientização dos gerentes de que o relacionamento entre as partes é tão importante quanto as próprias partes; que o alinhamento entre clientes, estratégia, pessoas e processos é tão importante quanto cada um de forma isolada.

## Contexto

Imagine que você esteja trabalhando em uma organização onde cada um dos colaboradores tenha internalizado o propósito e os valores da organização e esteja focado nos poucos e importantes pontos que permitirão que a organização obtenha sucesso. Imagine que cada grupo ou departamento saiba a contribuição que está dando para a organização. Imagine que cada grupo entenda as reais necessidades de seus clientes e esteja procurando atendê-las. Esse é o contexto no qual as empresas focadas trabalham.

## Conteúdo do capítulo

- O que é foco
  - O porquê do foco
  - Por que focar?
- Por que focar e manter-se focado é tão difícil?
- Como focar

# O que é foco

Para a física, foco é definido como um ponto para onde convergem os raios luminosos refletidos por um espelho ou refratados por uma lente quando o feixe de luz incidente é de raios paralelos ao eixo ótico.

---

O mundo dos negócios tomou emprestado este termo da física para definir a concentração que devemos ter em nossos propósitos. Para nós, foco é manter concentração permanente em nossas metas, é centrar todas as nossas forças de forma a atingir os objetivos estabelecidos. Ter foco é ter um objetivo, estabelecer um planejamento, ser organizado e ter persistência para atingir as metas e alcançar o que se pretende. É importante ressaltar que o conceito de foco não significa estar concentrado apenas por um momento, mas sim o tempo todo. Estar focado por um momento não é estar focado, mas concentrado. Foco implica continuidade e requer atenção constante!

---

Obter o foco é o início do jogo. O maior desafio que têm os gerentes hoje é manter as pessoas e a organização focadas em meio às mudanças. Esse desafio pode ser visto sob dois aspectos:

- Manter todos na mesma direção com um propósito compartilhado;
- Integrar os recursos e sistemas da organização para alcançar tal propósito.

Isso é o que chamamos de "coisa mais importante".

## O porquê do foco

*Deparamo-nos no nosso dia a dia com um número crescente de iniciativas, enquanto nosso tempo, recursos e nossa energia emocional são constantes. Dessa forma, cada nova iniciativa irá receber menos minutos de atenção, dinheiro e quantidade de energia emocional, do que as iniciativas anteriores. – Doug Reeves*

*O verdadeiro caminho para a grandeza, ao que parece, re-*

*quer simplicidade e diligência. Requer clareza, não iluminação instantânea. Demanda, de cada um de nós, focar naquilo que é vital e eliminar todas as distrações externas. – Jim Collins*

Mudanças dramáticas em uma organização podem ser obtidas com a tomada de poucas ações, contanto que sejam ações diretas e claras. Doug Reeves nos alerta contra a nossa dispersão de energia, já que perdemos, dessa forma, força para vencer os desafios. Por sua vez, Jim Collins reforça que o caminho para a grandeza é o foco.

## Por que focar?

O mercado está se tornando cada vez mais competitivo, o que tem exigido das organizações mais agilidade para lidar e reagir às mudanças no ambiente dos negócios. Quando nos aprofundamos nas estatísticas percebemos que poucas organizações têm conseguido implementar com sucesso sua estratégia. As exceções a essa situação têm uma característica em comum, elas são altamente focadas.

A maioria das organizações e muitos dos seus colaboradores estão muito desfocados. Essa falta de foco conduz à perda de dinheiro e recursos e à inabilidade de executar a estratégia, resultando em colaboradores descompromissados e infelizes. A falta de uma direção clara e de prioridades causa infelicidade nos colaboradores, já que eles não entendem como estão contribuindo para o alcance dos objetivos maiores da organização. Os gerentes precisam definir a cada ano como distribuir os recursos limitados da organização e não têm condição de fazê-lo sem uma orientação clara. Uma organização desfocada tem um portfólio de projetos desalinhados, o que reflete o consumo de toda natureza de recursos. Já que a natureza tende a caminhar na direção da desordem (vide cap. 1), manter-se focado irá requerer disciplina e ordem.

Indivíduos de sucesso são altamente focados, e o mesmo se aplica às organizações. As organizações focadas têm maior possibilidade de implementar suas estratégias e, por isso, cumprem suas missões e alcançam seus objetivos maiores. Daí a importância do foco. Entender o que importa será sempre um desafio. Nada é mais problemático do que ver tempo, recursos e energia valiosos sendo desperdiçados com esforços mal-direcionados ou inadequados. A falta de foco, além da infelicidade, também nos conduz a erros, perda de tempo, falha de comunicação, redução da produtividade e perda de receitas. O foco impõe ordem!

## Por que focar e manter-se focado é tão difícil?

Um estudo realizado na Universidade de Harvard nos mostra que os seres humanos tendem a ser desfocados por natureza. Em média, 50% da população não está focada naquilo que está fazendo. Adicionalmente, 30 a 40% do tempo dos colaboradores no local de trabalho é gasto com interrupções não planejadas e com o retorno à concentração, perturbada por essas interrupções. Hoje os motivos e ferramentas que nos interrompem estão ainda maiores do que no passado recente.

Como o foco mantém a ordem, ele requer energia, trabalho e algum sofrimento, o que leva as pessoas a tentar evitá-lo. Ainda, se o líder não é focado, a tendência da organização a se desfocar aumenta muito.

## Como focar

No SuperFoco procuramos dirigir nosso foco para os aspectos estratégicos e operacionais. O foco estratégico nos leva a alinhar a estratégia com as pessoas que estão desenvolvendo seu trabalho no dia a dia. O foco estratégico trata da implementação rápida da estratégia, que é manifestada pelas ações dos colaboradores no cotidiano da organização. Quando esse alinhamento é alcançado, os colaboradores em toda a organização passam a entender os objetivos maiores da mesma e qual é o papel de cada um no atendimento desses objetivos. O que queremos é que cada colaborador saiba qual é a sua contribuição para a implantação da estratégia, e que ele reconheça essa contribuição nas ações que exerce todos os dias. Esse alinhamento vertical energiza as pessoas, fornece direção e ainda oferece oportunidades para o envolvimento das pessoas, ele implica em mais do que a simples concordância dos colaboradores com a estratégia que é definida pela alta direção. Trata-se de uma avenida de mão dupla.

A estratégia deve ser determinada sem perder os clientes de vista, mas deve ser informada e moldada pelas pessoas que irão implementá-la. Os colaboradores que estão no meio da organização e os da linha de frente quase sempre gozam de uma maior intimidade com os clientes e competidores do que os gerentes seniores, e por isso eles podem enriquecer a estratégia. No entanto, isso ocorrerá somente se eles forem solicitados ativamente. Esse é o significado das "duas mãos".

> Por outro lado, o alinhamento vertical não é suficiente para garantir crescimento e lucratividade sustentáveis. O comprometimento das organizações com seus clientes deve ser absoluto e permear cada aspecto do processo para atender às demandas dos clientes. Assim sendo, é necessário focar também nos aspectos operacionais, que estão relacionados aos processos (tarefas) que criam valor para os clientes. O foco nos aspectos operacionais nos ensina que os clientes não são interrupção no trabalho, mas que eles determinam a agenda da organização. Por isso, devemos eliminar todas as barreiras entre a organização e os clientes, procurando trazê-los para dentro da organização, tornando-os parte do processo de criação de valor. A compreensão dos desejos e necessidades dos clientes é metade do caminho. A outra metade é criar e entregar o que eles querem, quando e como querem. Tudo isso é realizado pelos processos. Daí a importância de alinhar os processos com os clientes. As tarefas críticas são naturalmente as que mais afetarão nossos clientes, razão pela qual devemos focar nossa atenção nas mesmas.

Ambos os focos estratégico e operacional devem estar em sintonia, mas também é necessário que eles funcionem de maneira independente. Uma vez definidos os focos, medições para avaliar o desempenho são necessárias para que os resultados sejam acompanhados de forma sistemática. Também devemos associar essas medidas de desempenho a um sistema de premiação, dessa forma os colaboradores receberão uma forte sinalização do que é importante para a organização. O que for definido como objeto de medição terá um efeito importante sobre o comportamento dos colaboradores, o que, por sua vez, ajudará a criar uma nova cultura.

**Para criar uma organização focada sugerimos os passos a seguir:**

1. Definir os FCS e as TCs;

2. Definir os indicadores para avaliar o desempenho no que tange os poucos FCS e as TCs;

3. Certificar-se de que todos entendem o significado dos FCS e das TCs, como é medido o desempenho de cada um e como eles contribuem para o cumprimento da missão e o alcance da visão;

4. Associar as medidas de desempenho com um sistema de premiação e reconhecimento;

5. Garantir a capacitação necessária para que as pessoas possam desenvolver um trabalho competente;

6. Criar metas para cada um;

7. Rever o desempenho regularmente.

**Neste capítulo abordamos as seguintes questões:**

1. Qual é contexto em que as empresas focadas trabalham?

2. Qual é o conceito de foco no mundo dos negócios?

3. Qual é a diferença entre estar focado e estar concentrado?

4. Obter o foco é o início do jogo. O maior desafio que têm os gerentes hoje é manter as pessoas e a organização focadas em meio às mudanças. Esse desafio pode ser visto sob dois aspectos. Quais são eles?

5. Porque o foco é tão importante?

6. Qual é a orientação do SuperFoco para obter foco?

7. Quais são os sete passos sugeridos para que possamos fazer com que uma organização fique focada?

# Obras para consulta

CORNELL, Ann Weiser. *The power of focusing: a practical guide to emotional self-healing*. [s.l.]: New Harbinger Publications, 1996.

DUHING, Charles. *O poder do hábito*: Por que fazemos o que fazemos na vida e nos negócios. Rio de Janeiro: Objetiva, 2012.

GOLEMAN, Daniel. *Foco*. Rio de Janeiro: Objetiva, 2014.

*Capítulo 5*

# MOTIVAÇÃO

*Sucesso não é o resultado de uma combustão espontânea.
Você é que deve acender a chama.*

*– Reggie Leach*

# Propósitos

- Apresentar o que é motivação, o porquê da motivação e como motivar;
- Apresentar o que é Supermotivação.

# Resultados Esperados

- Compreensão da importância da motivação para promover o desempenho dos colaboradores;
- Compreensão das duas frentes adotadas no Superfoco para motivar e garantir a motivação dos colaboradores;
- Apoio aos gerentes em um dos maiores desafios que eles enfrentam hoje, que é manter as pessoas, grupos e a organização motivados e focados.

## Contexto

Imagine que você esteja trabalhando em uma organização na qual cada um dos seus colaboradores tenha tido oportunidade de expressar e hierarquizar os fatores que o motivam e onde exista um plano para atender a esses fatores. Imagine que nessa mesma organização o colaborador e seu chefe imediato tenham alinhado as expectativas de resultado e que, de forma sistemática, existam rituais para avaliar a evolução. Imagine que os colaboradores estejam alinhados com o propósito da organização. Esse é o contexto no qual se consegue colaboradores supermotivados.

# Conteúdo do capítulo

- O que é motivação?
- O porquê da motivação
- Como motivar
  - Abordagem 1: fatores de motivação no ambiente de trabalho
  - Abordagem 2: alinhamento das expectativas entre chefes e subordinados
  - Passo a passo para as abordagens 1 e 2
  - Direcionando a energia canalizada pela motivação
  - Análise dos gráficos
- O que é supermotivação?

# O que é motivação?

Acredito que para melhor definir o que é motivação devemos falar do que não é motivação. É comum pensar que motivação seja um traço pessoal, ou seja, algo que alguns têm e outros não.

Alguns executivos, pouco experientes, rotulam seus colaboradores desmotivados como preguiçosos. Esse rótulo presume que o indivíduo é sempre preguiçoso ou desmotivado. Sabemos, porém, que isso não é verdade. O que sabemos é que a *motivação depende da interação do indivíduo com o ambiente em que ele se encontra*. Dessa forma, enquanto analisamos a motivação devemos ter em mente que seu nível varia tanto entre indivíduos como individualmente, dependendo do ambiente onde a pessoa se encontra.

O comportamento humano, conforme já dissemos, é uma função das características da pessoa e do ambiente. Os indivíduos trazem certos elementos pessoais para o ambiente de trabalho, tais como habilidades, crenças pessoais, expectativas e experiências passadas. Por sua vez, o ambiente organizacional tem uma série de características: os cargos, o relacionamento entre pessoas, o trabalho a ser executado, as recompensas disponíveis etc.

---

Robbins define motivação como o processo responsável pela intensidade, direção e persistência dos esforços de uma pessoa para o alcance de uma determinada meta.

---

Como a motivação, de maneira geral, se relaciona com o esforço em relação a qualquer objetivo, aqui vamos focar nos objetivos organizacionais, de forma a refletir nosso interesse específico no comportamento relacionado ao trabalho.

Os três elementos-chave dessa definição são intensidade, direção e persistência. A intensidade refere-se a quanto esforço a pessoa despende. Esse é o elemento a que mais nos referimos quando tratamos de motivação, apesar da intensidade não ser capaz de levar a resultados favoráveis, a menos que seja conduzida em uma direção que beneficie a organização (alinhamento com os propósitos da organização). Portanto, precisamos considerar a qualidade do esforço tanto quanto sua intensidade. O tipo de esforço que precisamos buscar é aquele que contribui para a realização dos objetivos da organização e que é coerente com eles. Finalmente, a motivação apresenta a dimensão da persistência, que é uma medida de quanto tempo uma pessoa consegue manter seu esforço. Os colaboradores motivados se mantêm (persistem) na realização da tarefa até que os seus objetivos sejam atingidos.

## O porquê da motivação

O desempenho de um indivíduo depende diretamente de sua motivação para realizar uma tarefa multiplicada pela sua habilidade.

Desempenho = f (motivação x habilidade)

Isso implica dizer que se quisermos saber a razão pela qual pessoas diferentes trabalham com níveis diferentes de desempenho, devemos descobrir os seus respectivos níveis de motivação e habilidade.

Para aumentar o desempenho é preciso aumentar a habilidade, os níveis de motivação ou ambos simultaneamente. Assim sendo, a motivação é um fator fundamental para que possamos melhorar o desempenho dos indivíduos de uma organização.

## Como motivar

Sabemos que as organizações são sistemas complexos e que não são fáceis de entender. Por isso, o trabalho do gerente é entender como as organizações funcionam e se comportam para que ele possa gerenciar de forma efetiva e influenciar o comportamento organizacional. Dada a complexidade das organizações, precisamos de ferramentas que nos ajudem a entender, prever e gerir o comportamento das mesmas. Dentre essas ferramentas o SuperFoco conta com os modelos conceituais. No capítulo 8 apresentaremos as organizações sob três perspectivas diferentes, sendo uma dessas perspectivas a do comportamento, o que nos ajudará a entender como se comportam as organizações.

# MOTIVAÇÃO

No dia a dia das organizações uma série de recursos é empregada em diversos processos, tais como processos produtivos, financeiros, de *marketing*, de sistemas de informação e de recursos humanos. Em todos esses processos os responsáveis pela execução das tarefas são as pessoas. Para que possamos obter o máximo desempenho das mesmas, além de habilitá-las devemos motivá-las, tema que abordaremos a seguir.

Dado que a motivação do indivíduo depende da sua interação com o ambiente, é importante compreender o clima organizacional, e para tal devemos avaliar como os colaboradores percebem o seu ambiente de trabalho.

> O modelo que adotamos compreende duas abordagens: uma que visa a medir o grau de motivação dos trabalhadores e outra que visa a promover e garantir o alinhamento de expectativas entre chefes e subordinados.

A primeira frente busca não só hierarquizar os fatores que motivam os funcionários e a posição dos funcionários no que diz respeito a cada um dos indicadores, mas também levantar as ações que irão promover uma melhoria substancial no referido posicionamento.

A segunda frente procura harmonizar as expectativas dos superiores e dos subordinados em relação às tarefas a serem executadas no dia a dia, tentando mitigar o estresse gerado por emoções negativas. Essas emoções são resultantes da lacuna existente entre as expectativas e as realizações que os chefes e os subordinados têm uns em relação aos outros quanto ao desempenho das atividades diárias.

As duas abordagens são:

- Fatores de motivação no ambiente de trabalho;
- Alinhamento das expectativas entre chefes e subordinados.

Dessa forma abordamos o indivíduo e a influência do ambiente, oriunda do relacionamento entre chefe e subordinado, já que a motivação depende de como se dá a interação do indivíduo com a situação (o ambiente em que ele se encontra).

O resultado do processo de alinhamento de expectativas (abordagem 2), é avaliado mensalmente nos rituais entre chefe e subordinado, orientados pelo representante da área de recursos humanos. Nesses rituais se obtém a evolução das notas dadas pelo chefe para o desempenho referente às cinco atividades mais críticas, previamente acordadas entre eles.

Já o processo dos fatores motivacionais (abordagem 1), é avaliado mensalmente com cada colaborador pelo chefe da área e um representante da área de recursos humanos. As ações são levantadas quando do diagnóstico.

Esse conjunto de ações deve promover a motivação nas equipes, que pode ser percebida nos rituais semanais, onde se avaliam os 3 Cs (cooperação, comprometimento e comunicação empática) dos colaboradores participantes desses rituais.

## Abordagem 1: fatores de motivação no ambiente de trabalho

A primeira frente (fatores de motivação no ambiente de trabalho) consiste na aplicação de um questionário para avaliar a percepção dos funcionários quanto aos fatores que os motivam de um modo geral e especificamente no local de trabalho, a hierarquia destes fatores, além do posicionamento de cada funcionário em relação a cada um desses fatores. Entregamos a cada funcionário uma lista com dez fatores motivadores no ambiente do trabalho, explicamos o significado de cada um e solicitamos que o colaborador classifique esses fatores de acordo com a importância que eles têm para ele. Ele deve colocar a classificação – de 1 a 10 – ao lado do motivador, sendo 1 o mais importante e 10 o menos importante. A seguir está a lista dos fatores motivacionais, acompanhada de descrições dos seus significados e do que deve ser levado em conta pelo funcionário na hora de avaliar o seu grau atual de motivação em cada fator (de 0 a 100%):

1. *Interesse pelo Trabalho:* se o trabalho exercido contribui para a realização profissional e para a satisfação pessoal;

2. *Reconhecimento pelo trabalho feito*: se o colaborador se sente reconhecido e valorizado pelo trabalho realizado;

3. *Sensação de participação nas atividades*: se ele tem a oportunidade de opinar sobre as atividades realizadas e se ele se sente membro da sua equipe de trabalho;

# MOTIVAÇÃO

4. *Estabilidade no emprego:* se o trabalhador se sente seguro em relação à manutenção do seu emprego;

5. *Remuneração adequada e compatível:* se a remuneração está de acordo com o que se julga merecedor, ou pelo menos com o oferecido pelo mercado;

6. *Oportunidade de crescimento e desenvolvimento profissional:* se há possibilidade de desenvolver seu conhecimento e habilidades, bem como de criar novas possibilidades e aproveitar as oportunidades de crescimento na organização;

7. *Boas condições de trabalho:* se a empresa oferece ambiente e equipamentos adequados e seguros para a execução das atividades;

8. *Lealdade pessoal aos funcionários:* se seu superior é leal e se há amizade entre toda a equipe de trabalho;

9. *Ajuda e compreensão para com problemas pessoais:* se há compreensão e ajuda na resolução de questões pessoais relevantes ou importantes;

10. *Discrição da repreensão:* se as repreensões são feitas em público ou particular.

Cada membro da equipe analisa os dez pontos acima mencionados e os ordena de acordo com sua própria motivação, colocando o fator mais importante em primeiro lugar e os demais em ordem decrescente até o último, julgado como o fator de menor importância para sua motivação.

A seguir ele deve classificar, de 1 a 10, a posição em que ele acredita estar no momento para cada um dos fatores motivadores. Assim, se para determinado funcionário o motivador mais importante for o *interesse pelo trabalho* e ele entender que de 1 a 10 está em 2, isso é, que o *interesse pelo trabalho* corresponde a apenas 20% de sua motivação total, este deve ser um ponto de atenção.

Pedimos aos entrevistados que citem, para os três pontos mais importantes, quais ações poderão aumentar significativamente a sua posição quanto ao motivador.

Por exemplo, item motivador mais importante: *sensação de participação nas atividades.* Situação atual: 2 em 10. Ações sugeridas:

a) maior participação em tarefas fora da rotina, podendo ajudar os colegas de trabalho; b) ter acesso às informações sobre os resultados decorrentes de minhas atividades.

Como produto desses encontros é possível programar uma série de ações que podem promover aumentos significativos na motivação dos funcionários. Devemos organizar essas sugestões de ações levando em conta a frequência de ocorrência, bem como a facilidade de implementação (tempo e recursos). Além disso, precisamos definir os responsáveis e prazos, assim como o orçamento para colocar em prática as dez primeiras ações. A cada três meses, devemos refazer a pesquisa e avaliar onde se encontram as notas para os três itens mais importantes.

O primeiro bloco desse projeto diz respeito ao tratamento do indivíduo, tendo em vista que as pessoas são diferentes, e o que motiva um determinado indivíduo em certo momento pode não motivá-lo em outro momento, e esse mesmo fator pode divergir entre as pessoas dentro de uma mesma organização. Assim, fica claro que é necessário perguntar o que motiva o funcionário, e, de forma sistemática (a cada três meses), repetir o processo.

## Abordagem 2: alinhamento das expectativas entre chefes e subordinados

A segunda abordagem trata do alinhamento das expectativas entre chefe e subordinados. Este talvez seja um dos fatores que promove maior desmotivação no ambiente de trabalho se não realizado. Por isso, deveremos gerenciar essas expectativas, atuando para recompor o alinhamento imediatamente. Existe um estresse negativo resultante da lacuna existente entre as expectativas e as realizações ou conquistas. São dois os fatores responsáveis pelos nossos sentimentos negativos: o grau de expectativa e as realizações. Se a expectativa de resultados for muito baixa, qualquer realização ou conquista, por menor que seja, se traduzirá em imensa felicidade. Por outro lado, caso a expectativa seja muito alta e a realização baixa sofreremos um estresse negativo.

Através do organograma da empresa procuramos identificar as relações chefe/subordinado nos diversos níveis. A seguir, para cada par (chefe/subordinado) solicitamos, inicialmente ao chefe, que re-

MOTIVAÇÃO 105

gistre as cinco tarefas (atividades) que são consideradas críticas por ele, nas quais o subordinado deverá realizar os resultados esperados.

Obtida esta lista, é preciso ponderar o grau de importância das referidas tarefas. A soma dos pesos atribuídos a cada tarefa (atividade) escolhida deve resultar em cem. Em seguida as mesmas etapas serão realizadas com os subordinados diretos. Ao receber as respostas realizamos uma comparação entre a percepção do chefe e a de cada colaborador, verificando as divergências quanto aos itens e aos pesos. Nossa experiência mostra que em alguns casos o desalinhamento é muito grande e que isso é um fator de constante estresse. O colaborador imagina que está dando o melhor de si, e muitas vezes o está, porém em aspectos que não são valorizados pelo superior imediato.

O responsável pela área de recursos humanos (RH) deve coordenar reuniões entre o executivo principal e seu subordinado para apresentar o resultado. Em consenso, devem ser feitas a análise e a descrição dos cinco pontos, bem como as ponderações. Para cada item é preciso procurar uma maneira de medir o desempenho obtido quando da realização da tarefa (atividade) e a frequência da avaliação. Como produto, obtém-se um mapa das cinco atividades ou tarefas mais importantes, e como avaliar o desempenho e frequência da avaliação.

Para a atividade mais importante, sugerimos o desenvolvimento de uma instrução de trabalho, executada pelo subordinado em consenso com o superior. Desta forma surge um conhecimento explícito, ou seja, a forma de atuar ou executar as atividades mais importantes de cada subordinado. Ao RH compete avaliar as competências necessárias para que os executantes possam ter bom desempenho. Cria-se um plano (específico) para atender a estas demandas. A cada três meses, devemos acompanhar a evolução.

## Passo a passo para as abordagens 1 e 2

### Abordagem 1: Fatores de motivação no ambiente de trabalho (conduzida pelo responsável do RH)

1. Defina os empregados que participarão da pesquisa (todos os executantes das tarefas críticas);

2. Realize uma entrevista com os mesmos, explicando o objetivo da pesquisa e detalhando as diversas etapas do processo;

3. Entregue ao funcionário a lista com os dez fatores que o motivam no ambiente de trabalho. Solicite ao mesmo que hierarquize os dez itens pela importância (1, ou 1º, mais importante; 10 ou 10º, menos importante);

4. Peça a ele que, para os referidos itens, dê uma nota de zero a dez, dizendo onde se situa no momento atual para cada um dos itens;

5. Para os três itens mais importantes, solicite ao funcionário que indique ações que ambas as partes, ele e a empresa, podem desenvolver para promover uma ampla melhoria na sua satisfação;

6. Agrupe as sugestões de ações de todos os funcionários e as priorize quanto à importância, facilidade de implementação e custo de implementação.

7. Orce o valor para as dez primeiras sugestões. (As dez sugestões que atendam ao maior número de itens comuns, ou que, analisadas, venham a produzir maiores resultados);

8. Elabore um plano para implementar as sugestões (com responsável/prazo);

9. O executivo principal deve acompanhar mensalmente a execução do plano;

10. A cada três meses, revise o processo.

## Abordagem 2: Alinhamento entre chefe e subordinado (conduzido pelo responsável do RH)

1. Pergunte ao chefe quais são as cinco atividades que devem ser executadas pelo seu subordinado direto que mais impactam o alcance da visão e o cumprimento da missão (são chamadas de atividades críticas). Peça a ele que as hierarquize por importância e que atribua pesos a elas, de forma que a soma das cinco seja 100%;

## MOTIVAÇÃO

2. Pergunte ao subordinado quais são as cinco atividades mais importantes que ele tem desenvolvido e que no entendimento dele são as que mais influenciam no cumprimento da missão e no alcance da visão. Peça a ele que as hierarquize por importância e que atribua pesos a elas, de forma que a soma das cinco seja 100%;

3. Promova um encontro entre o chefe e o subordinado para analisar o eventual desalinhamento entre as atividades, bem como com relação à atribuição de pesos feita. Defina as cinco atividades críticas em comum acordo;

4. Peça ao chefe que dê uma nota para cada uma delas (a percepção atual dele quanto ao desempenho do subordinado);

5. O chefe explicará a seguir o porquê das notas e deverá discutir com o subordinado como melhorá-las;.

É necessário que haja alinhamento das expectativas entre chefe e subordinado, pois a frustração gerada por expectativas diferentes entre as partes funciona como um força que age de maneira oposta à energia canalizada pela motivação, provocando a desmotivação.

## Direcionando a energia canalizada pela motivação

Conforme vimos no capítulo 4, devemos alocar os esforços da organização em poucos e importantes pontos. Sugerimos que os processos das duas abordagens se iniciem na primeira tarefa crítica (abordagem 1) e com o executivo principal (primeiro nível hierárquico) e seus subordinados diretos (abordagem 2). Somente quando houver um pleno entendimento do processo é que devemos passar para a segunda tarefa crítica, para a abordagem 1, e buscar o alinhamento entre os subordinados diretos e seus próprios subordinados (segundo nível hierárquico), para a abordagem 2.

## Análise dos gráficos

Para ambas as frentes deve-se utilizar um gráfico radar para apontar a evolução do processo de motivação.

# O que é supermotivação?

---

Supermotivação = motivação + alinhamento com
os propósitos da organização

---

Como a motivação depende de como é a interação do indivíduo com o ambiente em que ele se encontra, é fundamental que esse indivíduo compreenda a identidade da organização e que se alinhe com ela. Geralmente um colaborador motivado e alinhado com a identidade da organização apresenta três comportamentos no seu dia a dia:

- Ele é comprometido, "cumpre o que promete";
- Ele é colaborador, "quer sempre ajudar";
- Ele se comunica empaticamente, "procura ouvir e escutar os colegas".

Um indivíduo supermotivado facilita a criação de um ambiente onde as pessoas são solícitas. Todos querem ajudar! Dessa forma as metas são alcançadas mais facilmente.

## Neste capítulo abordamos as seguintes questões:

1. Por que a motivação é importante?
2. De que depende a motivação?
3. Quais são as frentes adotadas pelo SuperFoco para motivar os colaboradores?
4. Do que trata cada uma delas?
5. Como Robbins define motivação? Quais são os três elementos-chave nessa definição?
6. O que é supermotivação?
7. Quais são os comportamentos dos colaboradores supermotivados?

## Obras para consulta

HAMPTON David R. *Administração*: comportamento organizacional. São Paulo: McGraw Hill, 1990.

MILES, Raymond E.; SNOW, Charles C. *Organizational strategy, structure and process*. [s.l.]: McGraw Hill, 1978.

NADLER, David A.; HACKMAN, J. Richard; LAWLER III, Edward E. *Comportamento organizacional*. Rio de Janeiro: Campus, 1983.

ROBBINS, Stephen P. *Fundamentos do comportamento organizacional*. [s.l.]: Prentice Hall Brasil, 2009.

WAGNER III, John; HOLLENBECK, John R. *Comportamento organizacional*: criando vantagem competitiva. São Paulo: Saraiva, 2012.

*Capítulo 6*

# Presença

*Eles podem esquecer o que você disse, mas eles nunca vão esquecer como você os fez sentir.*

*— Carl Buehner*

# Propósitos

- Apresentar o que é presença, o porquê da presença e como estar presente.
- Conscientizar que o passo a passo do processo de presença é uma poderosa ferramenta de reforço do foco e da motivação.

# Resultados Esperados

- Compreensão do que é presença;
- Compreensão da importância da presença;
- Compreensão de como estar presente.

## Contexto

Imagine que você trabalha em uma organização onde cada um dos executivos está presente e participa de forma sistemática nos poucos e importantes pontos que propulsionam os resultados da organização observando, perguntando, ouvindo empaticamente e se comunicando com os colaboradores.

Esse contexto é oportuno para motivar os colaboradores, construir confiança, compartilhar conhecimento, dar e receber *feedback*, assim como para se munir de informações que permitam tomar decisões de qualidade.

# Conteúdo do capítulo

- O que é a presença?
- O porquê da presença
- Como estar presente
  - O processo da presença
  - Ritual da presença nas tarefas críticas

PRESENÇA

# O que é presença?

O *Michaelis Dicionário Brasileiro da Língua Portuguesa* apresenta a seguinte definição:

Presença

Substantivo feminino.

1) Fato de alguém ou algo estar presente em algum lugar.

2) Comparecimento de alguém num determinado lugar.

3) O fato de alguém ou algo existir num determinado lugar; existência.

4) Aspecto ou aparência geral de uma pessoa; porte.

5) Aspecto de uma pessoa que chama a atenção e impressiona.

6) Participação de alguém ou de algo numa atividade.

7) Ação ou influência de algo que se mantém vivo num outro contexto; participação.

Durante a implantação do SuperFoco em algumas organizações, ao perguntar aos colaboradores o que é presença, recebemos respostas como:

- "É a primeira impressão que você deixa";
- "É como você se deparar com outra pessoa";
- "É a forma como você se veste, sua aparência";
- "É como as pessoas lhe percebem".

---

Como argumentado por Lisa Parker, a palavra "presença" evoca muitas coisas... é um substantivo, porém não é uma "coisa". Parker toma como premissa que a presença é a soma das nossas ações e comportamentos.
As ações e comportamentos que assumimos diariamente são as manifestações visíveis de nossa presença.
Sabendo disso, podemos influenciar o que as pessoas pensam e falam de nós.

---

De acordo com ela:

*Podemos sentir quando encontramos alguém com uma forte presença e nos inspiramos se a pessoa age como líder. A presença significa muito mais do que uma primeira impressão forte, ela é composta das impressões deixadas a cada contato. Vide o caso a seguir, onde o executivo principal da organização 1 visitou de forma sistemática os poucos e importantes pontos que são propulsores dos resultados da organização. De forma similar, um segundo executivo, da organização 2, também visitou pontos importantes. Acompanhamos dez visitas, realizadas por ambos os executivos durante três meses. Para o executivo da organização 1, nas dez visitas houve apenas uma interação negativa, ao passo que, no caso do executivo da organização 2, houve cinco interações negativas. Quando recebemos feedback sobre os dois executivos, os colaboradores da organização 1 consideravam seu executivo uma pessoa positiva e previsível e ficavam ansiosas aguardando sua nova visita. Por outro lado, o executivo da organização 2 era considerado imprevisível e pouco motivador.*

## O porquê da presença

A força da presença impacta e cria alinhamento entre as nossas intenções e como nós queremos ser percebidos. Ela promove conexões profundas com as outras pessoas e constrói relacionamentos que geram confiança.

Nossa presença emite sinais para o ambiente e, se não estivermos conscientes dos mesmos, eles podem ser prejudiciais. Dessa forma, nós precisamos gerenciar todos os momentos para garantir que as pessoas nos percebam da forma que gostaríamos de ser percebidos. O gerenciamento da presença nos permite alcançar esse intento.

Nosso dia a dia é uma coleção de momentos e as pessoas conectam esses pontos de forma que faça sentido para elas. Em seguida elas buscam evidências para justificar o padrão que traçaram e com certeza o encontrarão. Assim sendo, nosso padrão se torna a verdade delas sobre nós.

Um segundo aspecto relacionado à presença, muito importante no SuperFoco, é aquele ligado ao processo decisório. No nosso dia a dia

PRESENÇA                                                          117

tomamos muitas decisões e a qualidade de uma decisão depende da qualidade do processo decisório. Por maior que seja o conhecimento do executivo que irá tomar a decisão, se a qualidade da informação não estiver adequada, a decisão tem grande possibilidade de falhar.

A qualidade do processo decisório melhora muito na medida em que os executivos presenciam de forma sistemática os poucos e importantes pontos propulsores dos resultados da organização, vendo as coisas acontecendo, acompanhando, sentindo o cheiro, os sons, estando em contato com os fatos e os dados em tempo real.

A presença é um importante vetor para que possamos passar a tratar a comunicação como um resultado, isso é, para que vejamos a comunicação sob a perspectiva do receptor. Devemos sempre nos perguntar "Que resultado estou esperando com essa comunicação? O que eu quero que os colaboradores pensem, sintam e façam após receberem minha mensagem?" Minimamente, nosso objetivo deveria ser que os outros entendam nossa comunicação. Mas os colaboradores podem entender a mensagem, porém não concordar com ela e desejar tomar outra direção. O objetivo final então é construir suporte e aceitação, de forma que os receptores da mensagem internalizem e sejam levados à ação pelo líder, que deve estar, preferencialmente, presente logo após alguma decisão. É importante lembrar que o entendimento é intelectual, mas a aceitação e o suporte são emocionais. Pense na diferença entre obediência e comprometimento. Quanto de cada um de seus colaboradores você quer ter? Responda pela sua presença.

A presença lhe permitirá criar confiança, compartilhar conhecimento, fornecer e receber *feedback*, e liderar pelo exemplo.

## Como estar presente

Imagine que você é o presidente de um grupo de empresas e tem o hábito de visitá-las de forma sistemática. Existe um calendário anual para essas visitas e todos sabem quando você estará presente.

Você leva a cada uma dessas visitas os sólidos alicerces dos valores organizacionais (você tem uma maneira fácil de expressar a identidade da empresa – a missão, a visão, os valores e a estratégia).

Você procura sempre *observar* o ambiente, seguindo um roteiro que lhe permite ter uma visão do todo. Você passa fazendo *perguntas-chave* e exercita a *escuta*. Finalmente, comunica suas percepções de forma empática. A cada visita, uma pesquisa é realizada, de forma a levantar como a sua visita foi percebida pelos colaboradores. "O que mais lhes chamou atenção nessa visita? Caso você fosse o presidente o que mais faria?"

Ao fazer a visita onde se executam as tarefas críticas, você procura observar essa "micro-organização" sob três perspectivas diferentes: comportamento, processo e informação (vide capítulo 8). E, então, avalia as ênfases:

A: *foco no cliente*. Quem demanda seus produtos, serviços e informações? Como é medido o atendimento às suas necessidades? Qual é o grau de satisfação deles? Como eles próprios estão sendo tratados pelos seus fornecedores internos, e como eles estão sendo avaliados? Por quê? Na realidade, essa micro-organização é o principal cliente deles!

B: *envolvimento total*. Os fornecedores/executores/clientes estão envolvidos completamente na solução dos problemas?

C: *medições de desempenho*. Quem é o responsável pela garantia da qualidade das poucas e importantes medições? Quando a análise do desempenho é feita existe antecipação e inovação?

D: *melhoria contínua*. Como está o processo para prever e corrigir os problemas e apresentar melhorias?

Essa "micro-organização" é muito importante para os resultados do grupo. Nela você deseja inserir um novo "DNA", que irá se reproduzir em todas as outras células. Essa micro-organização disseminará o "DNA" na forma de uma franquia. Assim, o colaborador vai trabalhar todos os dias cheio de propósito e convicção. Ele acredita nos valores de sua organização e está fortemente comprometido com a missão da empresa, porque entende o bem que sua organização faz para o mundo e gosta do que ela faz. Ele fica feliz quando está trabalhando e se dedica de corpo e alma, porque sabe que seu trabalho faz sentido. Quanto mais se envolve no processo mais ele será efetivo. Por isso, a adesão íntima a ele será a fonte do sucesso da organização!

# O processo da presença

A presença é um dos quatro pilares do SuperFoco, mas tão importante quanto a presença em si é seu inter-relacionamento com os outros três pilares. Ela é um dos rituais associados às tarefas críticas e deve ser *intencional* e *gerar inspiração*. Isso é, os executivos, enquanto estiverem presentes de forma intencional e programada, devem traduzir para os colaboradores o conteúdo da identidade da organização, o propósito, a visão, os comportamentos esperados (emanados pelos valores), e como a referida unidade (*micro-organização tarefa crítica*) contribui para a estratégia da organização. O executivo irá observar, perguntar (vide o passo a passo a seguir), ouvir e se comunicar empaticamente com os colaboradores. O mesmo processo se repete ao cumprir o ritual de acompanhamento dos fatores críticos de sucesso.

A presença se dará em poucos, mas muito importantes pontos. Logo, ela deve ser marcante para alcançar todos da organização, como os círculos concêntricos que se formam quando uma pedra é jogada em um lago tranquilo. Lembrando que a *micro-organização tarefa crítica* tem fornecedores, executores e clientes, isso é, tem muitos representantes que não são da área em si, o que amplifica o poder do alcance na organização.

Tanto no caso das tarefas críticas como no dos fatores críticos de sucesso, é possível que o executivo detecte, durante o processo da presença, a necessidade de um contato individual e, sempre que possível, ele o fará, de forma a ajudar o colaborador e reforçar a confiança na liderança.

A seguir o passo a passo para o ritual da presença nos focos da organização.

## Ritual da presença nas tarefas críticas

Conforme será tratado no capítulo 11, as tarefas críticas são consideradas micro-organizações, ou, em outras palavras, são as células onde pretendemos "inserir um novo DNA". As atividades principais da tarefa crítica ocorrem em algum local da organização, e é nesse lugar que o executivo deve estar presente. De forma sistemática, sugerimos que você assista ao filme sobre a tarefa crítica, preparado pela equipe, e leia o *Livro da tarefa crítica. Além disso,* quando estiver na área:

- Avalie a organização e a limpeza da área;
- Avalie os pontos críticos de segurança. Procure saber sobre o mapa de riscos. Procure saber quais são os equipamentos de proteção individuais (EPIs) obrigatórios e por que;
- Avalie os gráficos individuais dos fatores motivacionais e a média da equipe.
- Avalie as sugestões de melhoria e o plano de ação;
- Avalie se o supervisor/coordenador da tarefa está alinhado com o chefe direto.

Ainda, tenha em mãos, ou na mente, a resposta para as seguintes questões sobre a tarefa crítica:

- Por que essa tarefa é considerada crítica?
- Quais são os produtos e serviços da referida tarefa?
- Quantas pessoas estão envolvidas com a tarefa crítica? Tenha o nome de cada um e uma foto associada. Cumprimente-os pelo nome.
- Qual é o fluxo de produção desses produtos ou serviços?
- Qual é a nossa produção diária? Como está a evolução da produção? O que pretendemos alcançar? Quando?
- Qual é o ponto (atividade) mais crítico desse fluxo? Quem executa essa atividade? Quais são as competências necessárias para um desempenho exemplar? Como está, hoje, a avaliação do executor? Quem substituirá esse executor nas emergências e a médio/longo prazo? Como está a capacitação atual desses executores substitutos?
- O que fazemos para evitar falhas nesse ponto crítico (atividade)? Onde fica o painel de sensorização (*feed forward*)?
- Caso ocorra uma falha nesse ponto (atividade), como atuar para minimizar os impactos? Quem é o responsável?
- Essa atividade crítica pode ser automatizada? Se sim, o que estamos fazendo para automatizá-la?

Sobre a qualidade da tarefa:

- Quais são os três maiores problemas de qualidade? Qual é o mais crítico? Como estamos evoluindo no que tange a solucionar esses problemas? Onde pretendemos chegar? Quando?

Sobre a duração da tarefa:

- Quanto tempo é gasto na execução da tarefa crítica? Como está a evolução desse tempo? Onde pretendemos chegar? Quando?

Sobre o custo da tarefa:

- Quanto custa a execução da tarefa? Qual é a evolução desse custo? Onde pretendemos chegar? Quando?

Sobre o impacto nos relatórios financeiros:

- Qual é o impacto dessa tarefa crítica no balanço patrimonial (financeiro)? Quais são as linhas do balanço que os resultados dessa tarefa crítica mais impactam? Como está evoluindo esse impacto? Onde queremos chegar?

- Qual é o impacto dessa tarefa crítica no demonstrativo de resultados? Quais são as linhas do balanço que os resultados dessa tarefa crítica mais impactam? Como está evoluindo esse impacto? Onde queremos chegar?

- Qual é o impacto dessa tarefa crítica no fluxo de caixa? Como está evoluindo esse impacto? Onde queremos chegar?

- Onde estão os mapas dos impactos (resultados), da informação (onde são colhidos os dados e transformados em informação), e dos rituais (onde são realizadas as reuniões de acompanhamento e controle)?

- Onde está armazenada a informação (bancos de dados) que é usada e atualizada pelos processos? Como o conhecimento é utilizado como guia para aumentar a efetividade, a conformidade, e a inovação?

**Neste capítulo abordamos as seguintes questões:**

- O que é a presença?
- Por que a presença é importante?
- Ao fazer uma visita, onde se executam as tarefas críticas, você procura observar essa "micro organização" sob três perspectivas diferentes. Quais são elas? Duas observações devem enfatizar quatro aspectos, quais são eles?
- Qual é o passo a passo do processo da presença?

# Obras para consulta

COTTRELL, David; HARVEY, Eric; *The manager's communication handbook: a practical guide to build understanding, support, and acceptance.* Dallas: Walk The Talk, 2003.

HEWLETT, Silvia Ann. *Executive presence: the missing link between merit and success.* [s.l.]: Harper Collins, 2014.

SENGE, Peter et al. *Presence: an exploration of profound change in people, organizations... New York:* Currency; Doubleday, 2005.

## *Capítulo 7*

# Rituais

*Somos o que repetidamente fazemos. A excelência, portanto, não é um efeito, mas um hábito.*

*–Aristóteles*

# Propósitos

- Apresentar o que é ritual, o porquê dos rituais e como realizá-los.
- Conscientizar sobre o custo real das reuniões, tal como têm sido realizadas em grande parte das organizações, e sobre os grandes ganhos de produtividade que podemos auferir à medida que as tornamos mais efetivas.

# Resultados Esperados

- Compreensão do que é ritual;
- Compreensão da importância dos rituais;
- Compreensão de como realizar rituais.

# Contexto

Como somos uma sociedade de reuniões, estamos constantemente nos encontrando para trocar informações, planejar atividades, resolver problemas, tomar novas decisões etc. Os governos, organizações, escolas, clubes e famílias são constituídos de grupos de pessoas que, independentemente dos seus valores e objetivos, devem se unir para atender a um objetivo maior.

Cada um desses grupos se reúne talvez uma vez por mês, algumas vezes na semana ou mesmo algumas vezes por dia. Quando nos dermos conta do tempo que dedicamos a essas reuniões ficaremos surpresos. Dentro desse contexto, é, portanto, muito importante que tiremos o máximo proveito desses rituais.

Os rituais de presença, já tratados no capítulo 6, acontecem segundo um calendário anual. Todos na organização sabem quando cada visita ocorrerá e quem estará presente. O líder presente faz os reforços pontuais mais necessários para as diversas situações, problemas, projetos de modificações ou melhorias em curso e avanços da organização.

O líder procura observar o ambiente, seguindo um roteiro que lhe permita ter uma visão do todo. A seguir, ele passa a fazer perguntas-chave e exercita a escuta. Finalmente, comunica suas percepções de forma empática. A cada visita, se realiza uma pesquisa de forma a levantar como foi percebida a visita pelos colaboradores.

As reuniões se dão de forma sistemática e devem ser marcadas pela efetividade. Elas seguem um ritual de preparação rigoroso, porque além de todos os aspectos citados a seguir, elas visam a criar um contexto capacitante para a geração de conhecimento. O local onde as reuniões ocorrem é um espaço compartilhado, que serve de fundamento para a criação de conhecimento, caracterizando-se geralmente por uma rede de interações, onde todos procuram ser solícitos e, com isso, promovem a confiança mútua, a empatia ativa, o acesso à ajuda, a leniência no julgamento e a coragem.

# Conteúdo do capítulo

- O que é ritual?
- O porquê dos rituais
- Como realizar rituais
    - Reuniões
    - As reuniões no SuperFoco

# O que é ritual?

Ritual é uma palavra muito ampla e, para compreendê-la de modo geral, vamos ao *Dicionário Aurélio da Língua Portuguesa*, que define ritual como: "1. Relativo a rito(s), ou que tem o caráter regular ou sagrado deste(s). 2. Culto. 3. Liturgia, cerimonial, etiqueta."

No sentido figurado, um ritual é uma rotina, aquilo que habitualmente se pratica. É uma etiqueta, uma regra, um estilo usado no trato entre as pessoas. Resumindo, rituais são gestos, palavras, formalidades, pensamentos e ações que estão ligados a alguma crença, religião ou costume popular. Eles obedecem a algumas regras, e é importante entender bem o objetivo de cada uma dessas regras, assim como é essencial fazer o ritual com consciência, prestando atenção à técnica e às ferramentas necessárias para que ele cumpra seu papel.

Também podemos pensar em ritual como sendo algo que fazemos no dia a dia com frequência, da mesma maneira, ou como uma celebração solene. O interessante de transformar pequenos hábitos corriqueiros em rituais é que isso nos obriga a prestar atenção no que fazemos, vivendo o presente de maneira plena e equilibrada. Alguns exemplos de rituais são: cerimônias esportivas, posses presidenciais, meditação (principalmente para quem precisa se preparar para uma atividade, se acalmar, arrumar um local etc.). Uma família ou um grupo de amigos que se reúne com frequência para comer está fazendo um dos rituais mais antigos do mundo, o de compartilhar alimentos e histórias. Há ainda uma família de rituais, que são as rotinas dos processos produtivos e administrativos, reforçando que essas rotinas devem ser realizadas como verdadeiros rituais.

O mesmo dicionário define "reunião" como: "1. O ato ou efeito de reunir(se). 2 Agrupamento de pessoas para tratar de qualquer assunto."

> No SuperFoco, como já foi dito, realizamos rituais de duas naturezas, os rituais de presença (onde a presença se dará em poucos, mas muito importantes pontos e, por isso, deve ser marcante para alcançar todos da organização) e os rituais para acompanhamento e controle dos resultados. Tratamos estes últimos como "reuniões" e devemos objetivar aproveitar ao máximo essa oportunidade para alavancar os resultados da organização.

## O porquê dos rituais

Nós somos uma sociedade de reuniões. Vamos observar o que nos envolve. Nós pertencemos a diferentes grupos simultaneamente. Podemos ser executivos de uma organização, membros de uma cooperativa, de um clube esportivo, do conselho da igreja local etc. Cada um desses grupos se reúne, talvez uma vez por mês, algumas vezes na semana ou mesmo algumas vezes por dia. Quando nos dermos conta do tempo que dedicamos a essas reuniões ficaremos surpresos. Suponhamos que dedicamos 4 horas por semana a reuniões. Isso significa que se dedicarmos 40 anos a uma determinada entidade ficaremos reunidos por mais de oito mil horas na nossa vida, o que é quase um ano!

Imagine quantas reuniões ocorrem por dia no Brasil. Normalmente, à medida que as organizações vão obtendo sucesso, mais tempo é aplicado em reuniões. Pessoas que estão na gerência média de uma organização têm aplicado em torno de 35% de seu tempo em reuniões e, no caso do executivo principal, a média sobe para mais de 50% do tempo. Significa que uma quantidade expressiva de tempo nas organizações é dedicada a reuniões, que devem ser muito efetivas!

Se quantificarmos quanto dinheiro está sendo aplicado em reuniões, dependendo de cada tipo de organização, veremos que se aplica em reuniões algo em torno de 10% do orçamento com o pessoal. Se uma organização tem um orçamento com pessoal de 100 mil reais, isso significa que em torno de dez mil reais são aplicados nas pessoas em reunião. Isso sem considerar o tempo para preparar essas reuniões e que o tempo aplicado em reuniões pode ser dedicado a outras atividades. O tempo é o nosso recurso mais valioso e, por isso, devemos aplicá-lo da forma mais sábia possível.

Outro ponto que devemos considerar é como as reuniões podem impactar tanto aqueles que participam delas quanto os ausentes. Esse impacto pode ser positivo ou negativo e pode durar um dia, uma semana ou mesmo o resto da vida. Quando uma reunião não funciona e nada se define, as pessoas ficam frustradas e irritadas e elas levam essa frustação com elas para o trabalho e para casa, perdendo tempo precioso contando para os outros o que aconteceu. Esses são alguns dos custos adicionais das reuniões malsucedidas. Por outro lado, quando a reunião tem sucesso, ela provoca um grande efeito no funcionamento da organização. Dessa forma, uma reunião sem resultado leva a perda de tempo e dinheiro, desvio de atenção das tarefas mais importantes, redução do progresso e retardamento da ação, redução do estímulo, confusão e beira o caos.

Por outro lado, independente de seu tamanho, formalidade e duração, uma reunião bem planejada e conduzida pode servir para: informar, analisar e resolver problemas, discutir pontos de vista, motivar, obter *feedback*, persuadir, treinar e desenvolver, reforçar o *status quo*, promover mudanças de conhecimento, habilidades e atitudes. As reuniões são potencialmente úteis e ajudam sobremaneira o progresso das organizações.

## Como realizar rituais

### Reuniões

As principais reuniões do SuperFoco são para acompanhamento e controle dos dois focos: o estratégico, por meio dos FCS, e o operacional, por meio das TCs.

A adoção da agenda correta, o convite às pessoas certas, a disciplina na execução do que foi planejado, a motivação da equipe, o convite a participantes-chave, o gerenciamento dos conflitos, as tomadas de decisão e o acompanhamento efetivo das tarefas após as reuniões são essenciais para torná-las o mais efetivas possível.

Sabemos que uma reunião efetiva pode ser um meio eficaz para comunicação, solução de problemas, tomada de decisões, planejamento de projetos e também para motivar a equipe. Essas reuniões são importantes vetores para promover uma mudança significativa na cultura da organização. Sabemos, entretanto, que para ter uma reunião de sucesso haverá muito trabalho antes e após sua realização. A seguir o passo a passo para realizar uma reunião efetiva.

## A) Fase de preparação

### 1 - Por que vamos realizar essa reunião? O propósito.

A primeira coisa, e a mais importante, para quem vai dirigir a reunião é saber seu objetivo. Saiba exatamente o que quer conseguir com a reunião e faça com que essa intenção fique clara desde o primeiro momento; devemos ter clareza em nossa mente sobre o objetivo concreto que pretendemos alcançar. Devemos começar perguntando: qual é o seu motivo?

Esse é um ponto fundamental, já que os demais irão depender dele. Devemos ser o mais específico possível no que precisamos realizar. Será um *brainstorm*? Se sim, de quê, com que objetivo? Será uma reunião para informar? Informar o quê? A quem? A reunião tratará de um determinado problema? Se sim, tem-se a esperança de solucioná-lo na reunião? Ou o plano para solucioná-lo será elaborado posteriormente? A reunião será para determinar responsabilidades?

No caso do SuperFoco, o objetivo das reuniões que tratam das tarefas críticas é o acompanhamento e controle da *micro-organização tarefa crítica*.

Todos devem saber de antemão que informações irão dar e/ou receber. É muito provável que consigamos sair de uma reunião com aquilo que queremos, se entrarmos nela sabendo exatamente o que é que esperamos.

Devemos ser realistas quanto ao alcance do objetivo. Se temos as informações que necessitamos, se existe tempo suficiente para sua

# RITUAIS

preparação, se estarão presentes todas as pessoas necessárias para a boa condução da reunião, devemos nos perguntar: "A realização da reunião é a melhor maneira de atingir o objetivo?"

## 2 - Elaboração da agenda

*Itens da agenda.* Uma vez que tenhamos definido o propósito da reunião, o próximo passo é definir a agenda. Devemos listar os itens de que necessitamos para alcançar nosso propósito. Avaliar se iremos reservar um tempo para um *brainstorm*, para discutir sobre um determinado item ou mesmo para a apresentação de uma nova informação. Adicionalmente, devemos reservar um tempo para uma introdução, de forma a contextualizar o encontro. Esse tempo reservado evita atropelos no final da reunião, ajudando a cumprir a programação.

Logo que tivermos em mãos os itens da reunião, devemos definir (mesmo que de forma aproximada) o tempo liberado para cada tema. A reunião não deve ser extensa para que se mantenha o foco dos participantes.

*Sequência da agenda.* Como já temos os itens e o tempo a ser dedicado a cada um, devemos pensar qual será a sequência a ser seguida. Naturalmente, não se discutirá o orçamento de um projeto antes de se tratar do objetivo e do escopo do mesmo.

*Atribua os itens da agenda aos respectivos participantes.* Aponte o melhor participante para cobrir cada item específico da agenda.

## 3 - Identifique os participantes

Devemos convidar somente aqueles colaboradores cuja participação seja efetivamente necessária. Faça as seguintes perguntas:

- Quem são os tomadores de decisão no que tange o tema específico da reunião?
- Quem possui as informações e o conhecimento necessários?
- Quais são as pessoas que estão responsáveis pelo tema?
- Quem são as pessoas cujo trabalho depende da informação que temos?
- Quem são as pessoas necessárias para conduzir a implementação e qualquer decisão tomada?

Devemos limitar o número de participantes e, caso seja necessário, elaborar uma ata para comunicar os resultados da reunião a todos os interessados.

## 4 - Defina os papéis

Devemos considerar dar papéis específicos para os participantes, de forma a mantê-los engajados e para que sintam que são reconhecidos. Ao líder da reunião cabe esclarecer o propósito da reunião, os objetivos e restrições e o escopo da autoridade.

- Facilitador: guia a equipe por meio das discussões para a solução dos problemas e nas fases de tomadas de decisão. Pode ser responsável pela logística pré e pós-reunião. Esse é um bom papel para treinar novos líderes. É um papel que deve ser assumido com neutralidade ao longo da reunião.

- Apontador: registra os pontos-chave, ideias e decisões que ocorrem na reunião. Ele pode também registrar as notas pós-reunião.

- Colaborador: participa ativamente dando ideias e ajudando nas discussões.

- Especialista: compartilha conhecimento específico quando solicitado.

- *Time keeper*: acompanha o tempo aplicado a cada item da agenda e conduz as discussões para o próximo item.

Um determinado indivíduo pode desempenhar vários desses papéis. Por exemplo, o líder pode acumular os papéis de líder e de facilitador. Nem todas as reuniões necessitam de um apontador, como no caso das reuniões informais. Antes de solicitar a qualquer pessoa que assuma qualquer responsabilidade, certifique-se de que ela está preparada para isso.

## 5 - Faça os convites

Pode parecer simples, mas a definição de onde será realizada a reunião e como os participantes são convidados é fundamental para o sucesso dela. Algumas orientações:

- Selecione uma sala: escolha uma sala que se adeque ao propósito da reunião. Se for uma reunião informal e íntima, tome uma pequena sala, talvez com cadeiras dispostas de forma circular. Se for formal, adote uma sala de reuniões. Se alguém for participar de forma virtual (via videoconferência), a infraestrutura deve estar montada e checada previamente;

- Defina o horário: avalie previamente se há conflito com as agendas dos participantes;
- Envie o convite: após definido o local e o horário, está na hora de enviar o convite. Considere que é uma boa prática convidar os participantes pessoalmente antes de eles receberem o convite, especialmente caso haja dúvidas quanto à participação do referido convidado.

### 6 - Termine os preparativos

Após o envio dos convites resta garantir que os arranjos logísticos estejam de acordo, bem como que os materiais chegaram para os participantes.

Aconselhamos a preparação de um *checklist* com todos os passos a serem dados antes da reunião.

## B) A fase de realização

Após termos preparado a reunião com muita atenção, chegou a hora do "jogo". Do líder exigem-se duas coisas:

- Manter o controle do processo e dedicar toda sua atenção à reunião. Os especialistas em reuniões dizem que uma reunião vencedora é aquela em que o líder assume a direção e também a responsabilidade do processo.
- Toda reunião é composta de quatro fases: apresentar a informação, avaliar a informação, tomar uma decisão e adotar uma linha de ação.

### 1 - Comece a reunião

Solicite atenção a todos para o começo da reunião e deixe clara sua intenção de manter o foco e a produtividade e de ter a colaboração de todos.

- Comece no horário: Mesmo que algum participante

esteja atrasado, comece a reunião como se ele estivesse presente;

- Faça a introdução: Procure se assegurar de que a agenda, os objetivos e os resultados da reunião estejam claros para os participantes;

- Defina as regras básicas: Não há necessidade de usar tempo para tratar das regras básicas, porém vale reforçar a intenção de seguir a agenda de forma eficiente. Reforce que você está comprometido com o início e o fim da reunião (e os faça acontecer realmente). Solicite uma participação ativa e respeito às novas ideias. Concorde que todos devem ouvir todos e que as interrupções devem ser limitadas. Esclareça as restrições a itens específicos da agenda, a forma como as decisões serão tomadas e por quem.

## 2 - Execute a agenda

Recorde o processo, toda reunião consta de quatro fases:

- A primeira fase, para apresentar a informação, compreende a explicação do objetivo e a exposição dos dados ou das ideias que vão permitir o prosseguimento da reunião;

- A segunda fase, de avaliação da informação, corresponde à discussão, durante a qual todos os participantes debatem as vantagens e os inconvenientes das ideias ou propostas apresentadas;

- A terceira fase, a tomada de decisões, foca nos objetivos da reunião;

- A quarta fase pede a adoção de uma linha de ação.

Mantenha a bola em jogo. Mantenha um olho na agenda e outro no relógio. Faça as perguntas que irão manter o ritmo da reunião. Não permita que se perca o fio da conversa. Recapitule antes de passar para o próximo tema. Esforce-se na obtenção de conclusões e uma linha de ação.

### 3 - Encerre a reunião

Comece essa fase fazendo um resumo da reunião. Reitere os pontos-chave, as decisões e os responsáveis pelas várias atividades etc. Conclua a ata da reunião e finalize com uma palavra motivadora.

## C) A fase pós-reunião

Essa fase tem como objetivo garantir que o que foi decidido seja realizado. Proceda ao *follow-up* que reforce para os participantes o que foi acordado. Um bom *follow-up* deve cobrir três pontos básicos: o que, quem e quando.

## D) Avaliação da reunião

Devemos aqui procurar responder à questão: "A reunião teve sucesso?" Julgue baseado nos resultados. Alcançamos os objetivos? As pessoas que participaram foram as corretas? Todos os convidados participaram? A equipe trabalhou de forma efetiva? Recebemos retorno positivo após a reunião? O que podemos fazer para melhorar da próxima vez? A seguir um *checklist* para avaliação:

- Objetivo ou finalidade da reunião;
- Participantes;
- Preparação;
- Qualidade da discussão;
- Tomada de decisões;
- Atribuições;
- Meios auxiliares;
- Recursos audiovisuais;
- Tempo;
- Problemas de procedimento.

# As reuniões no SuperFoco

> As reuniões de acompanhamento e controle da *micro-organização tarefa crítica* no SuperFoco têm como propósito, além de acompanhar e controlar a micro-organização, ser um instrumento para promover uma mudança cultural na organização. Nessas reuniões devemos incentivar a confiança mútua, a empatia ativa, o acesso à ajuda, a leniência no julgamento e a coragem. Nelas deve existir a vontade de atender a uma solicitação da melhor forma. Assim sendo, formamos um contexto capacitante para a criação de conhecimento. O trabalho deve ser executado com precisão, de forma a evitar uma grande entropia (desordem) na organização.

Os resultados dessa microempresa são acompanhados semanalmente com a presença de todos os envolvidos (*stakeholders*), fornecedores, executantes da tarefa e os clientes. Nesses acompanhamentos são avaliados os chamados 3 Cs: comprometimento, colaboração e comunicação empática, que são uma medida da motivação da equipe. Uma equipe comprometida, colaborativa e que está se comunicando empaticamente é uma equipe motivada! O acompanhamento visual do desempenho das tarefas críticas se dá por meio de três painéis, que são:

- O *painel de bordo*, que apresenta as saídas ou resultados (produção, qualidade, custo, tempo para execução e utilização dos recursos);
- O painel de sensorização, que opera como feed forward;
- O painel de impacto, que mede o impacto dos resultados da tarefa crítica nos relatórios "Demonstrativo de Resultado" e "Balanço", o que permite mostrar a contribuição da tarefa crítica para os resultados da empresa.

Durante os rituais que envolvem as tarefas críticas, a liderança reforça os valores de forma sistemática por meio de sua presença e, em particular, os comportamentos emanados por esses valores. A liderança também cria relacionamentos de confiança, gerando lealdade, motivando e alinhando a equipe para o cumprimento da missão e o alcance da visão. Enfim, ela cria uma cultura de atendimento ao cliente com falha zero, "puxada pelo cliente", com melhoria contínua, suportada por valores e senso de urgência.

**Neste capítulo abordamos as seguintes questões:**

1. Qual é a importância dos rituais?
2. Quais são as duas principais reuniões do SuperFoco?
3. Como podemos tornar as reuniões mais efetivas?
4. Qual é o passo a passo para a realização de uma reunião efetiva?
5. Como podemos avaliar a efetividade de uma reunião?

# Obras para consulta

AXELROD, Dick; AXELROD, Emily. *Let's stop meeting like this*: tools to save time and get more done. San Francisco: BK, 2014.

HARVARD BUSINESS REVIEW PRESS. *Running meetings*. Boston, 2014.

*Capítulo 8*

# Três perspectivas privilegiadas para observar as organizações

*Os professores podem abrir a porta, mas você tem que entrar por conta própria.*

– Ditado Zen

# Propósitos

- Apresentar como funcionam as organizações a partir de três perspectivas, visando a promover uma compreensão dos fenômenos organizacionais por todos os colaboradores para que eles possam determinar os cursos de ação para influenciá-los;
- Conscientizar que a organização se torna mais resiliente à medida que conecta uns aos outros e se conecta ao mercado;
- Conscientizar que aprender a observar a organização sob as três perspectivas privilegiadas facilita sobremaneira essas conexões.

# Resultados Esperados

- Compreensão de como o comportamento organizacional se relaciona com a consecução dos objetivos, o desempenho e a efetividade da organização;
- Compreensão de como as organizações funcionam para que possamos gerenciar de forma efetiva o comportamento organizacional;
- Conhecimento de que os processos são um superativo e que sem eles os demais ativos têm pouco ou nenhum valor;
- Compreensão de que a informação sobre os processos é um conhecimento valioso que deve ser identificado, capturado e tornado disponível para ser reutilizado;
- Compreensão de que a informação e o conhecimento conectam aos processos cada um dos elementos que os guiam e suportam, em uma estrada de mão dupla;
- Compreensão da importância da informação e do conhecimento, considerando que os líderes de mercado que estão vencendo aderem a dois princípios:
    - Tratam a informação como um produto e não como um subproduto;
    - Cultivam o conhecimento organizacional como o seu núcleo de capital intelectual, não meramente para um pequeno grupo de colaboradores especiais.

# Contexto

Para que possamos alcançar excelência sustentável devemos conectar os elementos-chave da organização uns aos outros e estender essa conexão ao mercado, permitindo assim que a organização se ajuste rapidamente ao ambiente. Essa conexão será possível na medida em que os colaboradores estejam nivelados quanto ao funcionamento das organizações e à sua administração. Assim sendo, ao procurar observar as organizações sob as perspectivas do comportamento (pessoas), dos processos (ativos que potencializam os demais ativos, isso é *superativos*) e da informação (informação e conhecimento conectam aos processos cada um dos elementos que os guiam e suportam), iremos facilitar o dia a dia nas organizações, tornando-as mais efetivas.

# Conteúdo do capítulo

- O sistema organizacional
- A perspectiva do comportamento
  - Os três elementos básicos das organizações: tarefas, indivíduos e grupos
  - A organização
  - O ambiente e sua importância
  - A síntese da perspectiva do comportamento
- A perspectiva dos processos
  - Planejamento
    - Missão
    - Visão
    - Estratégia
  - Operações
    - Entradas
    - Saídas
    - Guias
    - Viabilizadores
- A perspectiva da informação e do conhecimento
  - A importância da perspectiva da informação e do conhecimento
  - Dado, informação e conhecimento
    - O que é dado?
    - O que é informação?
    - O que é conhecimento?
    - Gestão do conhecimento

## O sistema organizacional

Abordaremos neste capítulo, três perspectivas que consideramos privilegiadas para observar as organizações como sistemas sociais operando dentro de ambientes maiores: a perspectiva do comportamento, a perspectiva dos processos e a perspectiva da informação e do conhecimento.

Sistemas são conjuntos de elementos ou componentes inter-relacionados. Podem, também, ser entendidos como mecanismos que recebem entradas do ambiente (como matéria-prima, capital etc.) e sujeitam essas entradas a um processo de transformação (como pintura, corte, edição etc.) resultando em saídas (como bens e serviços).

Sistemas abertos trocam entradas e saídas com o ambiente maior. Assim, a chave para entender uma organização é a identificação do seu papel dentro do ambiente no qual opera. Temos que saber claramente qual é a estratégia da organização quanto ao ambiente, sua contribuição para o mesmo e vice-versa, bem como seus objetivos em relação a ele.

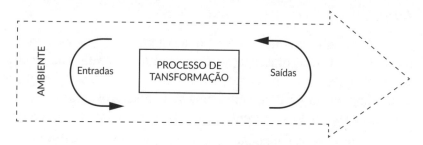

Fig. 13: Representação esquemática da transformação de bens em serviços

Uma vez conhecida a estratégia de uma organização em relação ao ambiente, temos que nos concentrar no processo de transformação. Em outras palavras, o ponto inicial para entender as organizações são as tarefas que ela realiza. As organizações existem para executar trabalhos orientados para um objetivo. Mais especificamente, as organizações existem para que o trabalho seja executado coletivamente de forma a atingir um objetivo comum. Elas juntam pessoas, formam grupos e reúnem conjuntos de grupos para realizar tarefas de uma maneira mais efetiva do que os indivíduos poderiam realizar isoladamente.

Se as organizações são sistemas compostos de elementos inter-relacionados, então é importante conhecer os relacionamentos existentes entre as várias partes. *Em sistemas, não somente os elementos são importantes, mas também a relação entre eles.*

# A perspectiva do comportamento

## Os três elementos básicos das organizações: tarefas, indivíduos e grupos

Segundo a perspectiva das organizações como sistemas sociais abertos e orientados a um objetivo, três elementos formam o núcleo do comportamento organizacional: tarefas, indivíduos e grupos.

Podemos definir uma organização como *indivíduos* e *grupos* realizando *tarefas* auxiliados pelos *arranjos organizacionais*, tudo isso dentro de um *contexto mais amplo.*

### Tarefas

O primeiro elemento a ser tratado aqui, o mais óbvio e talvez o mais central de uma organização, é o conjunto de tarefas que precisam ser executadas. As tarefas são o trabalho que precisa ser realizado pela organização para que ela atinja seus objetivos. Elas podem ser consideradas em dois diferentes níveis: organizacional e operacional.

As *tarefas organizacionais* são aquelas derivadas diretamente da estratégia organizacional e que devem ser realizadas por toda a organização para que ela atinja seus objetivos. Elas variam em:

- complexidade;
- tipos de competência requerida;
- graus de incerteza;
- necessidade de coordenação entre as diversas partes envolvidas.

# TRÊS PERSPECTIVAS PRIVILEGIADAS

Note que não são as organizações que executam as tarefas, mas sim as pessoas e as máquinas.

As *tarefas operacionais* devem ser realizadas pelos indivíduos ou grupos para alcançar os objetivos maiores da organização. Elas variam quanto:

- Às demandas que apresentam aos indivíduos ou grupos que as executam;
- Aos tipos de recompensas que oferecem àqueles que as realizam.

## Indivíduos

O segundo elemento básico das organizações são os indivíduos que executam as tarefas. Três características individuais são particularmente importantes e variam de indivíduo para indivíduo:

- *Habilidades, aptidões* e *habilitações*, pois eles entram nas organizações com capacidades diferentes;
- *Características psicológicas*, como necessidades, crenças e histórias de vida;
- *Atitudes* e o *comportamento,* já que são influenciados pelos tipos de tarefas que lhes são designadas e por uma ampla variedade de fatores sociais presentes no local de trabalho.

A habilidade é a capacidade que se tem de fazer uma coisa. Ex.: Ele demonstra grande habilidade para os trabalhos manuais. A habilidade está intimamente relacionada com a aptidão para cumprir uma tarefa específica com determinado nível de destreza. Ex: Um indivíduo muito míope não está apto a pilotar uma aeronave da Força Aérea Brasileira. Já a habilitação é a ação ou efeito de habilitar, isto é, de estabelecer formalmente a capacidade que uma pessoa tem de fazer alguma coisa. Ex.: Carta de habilitação: documento expedido pelas autoridades de trânsito que estabelece o direito de uma pessoa de dirigir um carro.

## Grupos

Os grupos constituem o terceiro elemento básico das organizações. Enquanto os indivíduos executam as tarefas, muito trabalho organizacional é realizado por um conjunto de pessoas trabalhando de maneira coordenada.

Esses conjuntos de duas ou mais pessoas que interagem umas com as outras e se enxergam como uma unidade são chamados de grupos. Três aspectos são particularmente importantes quando tratamos de grupos:

- A composição, isto é, quem é membro do grupo. Como consequência da composição, os grupos apresentam diferentes combinações de capacidades e necessidades;
- A natureza e as características das tarefas designadas ao grupo;
- A organização, isto é, como o grupo se organiza para realizar seu trabalho e que tipos de padrões existem nas relações sociais entre seus membros.

O importante na análise das organizações não são esses elementos *per se*, mas o relacionamento que existe entre eles. De fato, estamos interessados em como os indivíduos e grupos executam as tarefas e nas consequências das tarefas no comportamento individual ou grupal. Para melhor entender os relacionamentos entre indivíduos, tarefas e grupos, vamos considerar (rotular) que o relacionamento entre:

- Indivíduo e tarefa seja a *efetividade individual do trabalho*: quão bem os indivíduos executam suas tarefas e quais as consequências resultantes de seu desempenho (satisfação/tensão).
- Grupo e tarefa seja a *efetividade grupal do trabalho*: quão bem o grupo executa suas tarefas e as consequências desse desempenho.
- Indivíduo e grupo seja a *influência social*: como os grupos são influenciados pelos indivíduos e estes pelos grupos dos quais são membros.

# A organização

As tarefas, indivíduos e grupos não existem no vácuo, desligados e flutuando livremente, mas sim dentro de um contexto nas organizações.

As organizações são conjuntos de indivíduos e grupos desempenhando tarefas e ligados de maneira tal que, idealmente, executarão suas tarefas de maneira coordenada. Para conseguir essa organização são criados *arranjos organizacionais*. Esses arranjos têm duas características: podem ser *formais* e *informais*.

Os indivíduos são agrupados em unidades de trabalho, departamentos, divisões ou outra denominação, tendo-se por base as suas necessidades de relacionamento e trabalho.

A criação dessas unidades é um aspecto essencial dos arranjos organizacionais, mas isoladamente serve só para criar outra necessidade, isto é, a de unir esses novos elementos e garantir que eles trabalharão de forma coordenada e controlada.

Quase toda organização tem algum tipo de arranjo ou projeto formal, o qual pode ser inferido dos organogramas e descrições de cargos. Mas ao mesmo tempo existe outro conjunto de arranjos organizacionais que são impossíveis de identificar por meio de procedimentos escritos formais ou organogramas. Esse conjunto é chamado de *organização informal*.

## O ambiente e sua importância

As organizações existem em seus ambientes. Para ser efetiva, uma organização deve ser capaz de manter transações favoráveis com o ambiente no qual opera. As organizações devem levar em conta a natureza e os diferentes aspectos do ambiente, o que inclui:

- Competidores;
- Clientes;
- Fornecedores;
- Consumidores;
- Instituições financeiras;
- Governo;

- O sistema do qual a organização faz parte (como a empresa matriz).

É o ambiente que proporciona o conjunto de oportunidades para a organização oferecer um produto ou serviço distinto. Mas é ele também que apresenta uma série de demandas e certas restrições para a organização.

A efetividade da organização irá requerer arranjos organizacionais que coordenem o trabalho de indivíduos e grupos executando tarefas e que possibilitem ao sistema total operar dentro de restrições, responder às demandas e tirar vantagem das oportunidades do ambiente.

## A síntese da perspectiva do comportamento

Ao juntarmos todos esses elementos poderemos enxergar as organizações sob a perspectiva do comportamento, que nos permite pensá-la e entendê-la. O núcleo dessa perspectiva são as tarefas, os indivíduos e os grupos. Estamos interessados no relacionamento entre eles, em particular:

- Na efetividade individual do trabalho (indivíduo/tarefa);
- Na efetividade grupal do trabalho (grupo/tarefa);
- Na influência social (indivíduo/grupo).

Esses elementos estão imersos em uma organização como subunidades e em mecanismos de controle chamado arranjos organizacionais, que incluem tanto os arranjos formais como informais. O arranjo informal é importante por causa de seu impacto na efetividade individual, grupal e nos processos de influência social.

Tudo isso dito, como podem os gerentes saber qual é a melhor maneira de tratar os problemas de alocação de pessoal, motivação e liderança? Existem várias maneiras possíveis para isso, porém o uso de modelos e quadros de referência baseados em pesquisas científicas é um bom caminho. Considere o modelo na figura 15.

O que queremos mostrar é que o desempenho de um indivíduo é função da motivação para realizar a tarefa multiplicada pela habilidade. Isso implica que se quisermos saber por que pessoas diferentes trabalham com níveis de desempenho diferentes devemos olhar os seus respectivos níveis de motivação (capítulo 5) e habilidade. Também implica que, se quisermos aumentar o desempenho, devemos tentar aumentar ou a habilidade (selecionando outras pessoas, treinando as

## TRÊS PERSPECTIVAS PRIVILEGIADAS

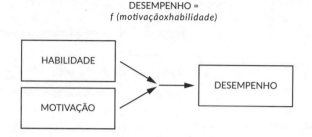

"Se queremos saber a razão de pessoas diferentes trabalharem com níveis de desempenho diferentes, devemos olhar para seus respectivos níveis de motivação e habilidade."

Fig. 15: Modelo geral do comportamento dos indivíduos nas organizações.

que temos etc.) ou os níveis de motivação, ou os dois. Logo, o modelo nos diz não somente para o que olhar, mas também nos dá uma ideia das causas de certos eventos (níveis de desempenho) e das possíveis linhas de ação para adequar ou desenvolver os fatores motivacionais.

## A perspectiva dos processos

A história de uma organização começa com aqueles que a forçam, que a impulsionam. Esses impulsionadores têm origem em uma ou mais influências do ambiente: social, tecnológica, econômica, ambiental, política, legal e de fatores éticos.

A perspectiva dos processos procura mostrar como a organização responde a esses impulsionadores. Veremos nela os conceitos dos principais agentes que compõem a organização e como eles se inter-relacionam, com ilustrações das suas interdependências.

As organizações respondem aos seus impulsionadores por meio de duas funções principais: *planejamento* e *operações*. Os processos recebem entradas dos fornecedores e as transformam em produtos e serviços para seus clientes. As pessoas, tecnologias e a infraestrutura de suporte servem como viabilizadores nessas transformações.

O planejamento consiste da missão, visão e estratégias, que são estáveis durante certo período de tempo. As operações, por sua vez, são um composto de processos, pessoas e tecnologias, suportadas por uma infraestrutura. São dinâmicas e mudam em resposta aos impulsionadores da organização.

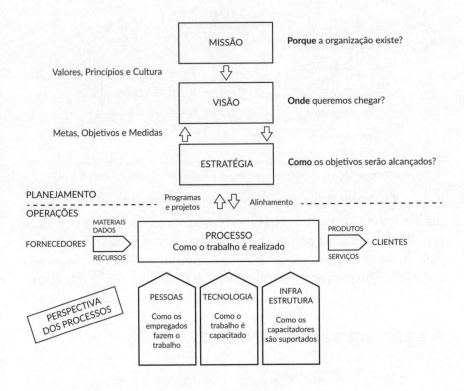

Fig. 16 - Modelo de negócio de uma organização

## Planejamento

### Missão

O primeiro elemento da função planejamento é sua missão, a razão de ser da organização, criada por seus fundadores e acionistas para direcioná-la. De uma maneira geral, ela é estável e muito raramente muda com o tempo.

A missão, ou o propósito (que deve durar), não deve ser confundida com objetivos específicos ou estratégias de negócio (que podem mudar várias vezes). Mesmo que tenhamos atingido um objetivo ou implementado uma estratégia, o propósito não terá sido cumprido; ele é como uma estrela-guia no horizonte – sempre perseguida, mas nunca

# TRÊS PERSPECTIVAS PRIVILEGIADAS

alcançada. Sendo assim, o propósito não muda, ele inspira a mudança. O fato de o propósito não poder ser totalmente realizado significa que a organização não pode nunca parar de estimular a mudança e o progresso.

Na busca pelo cumprimento da missão, *valores* e *princípios* são desenvolvidos. Eles atuam nas atividades da organização para reforçar os comportamentos desejados. Esses valores e princípios se refletem em todas as atividades como uma promessa do valor que a organização quer entregar aos seus clientes e consumidores.

A "marca" da organização é uma manifestação da missão. Ela é suportada pelos valores e princípios que quer promover e estabelece comportamentos para alcançar seu reconhecimento. Para isso, os empregados devem ser tratados como verdadeiros ativos e devem receber oportunidades de desenvolvimento e crescimento, além de reconhecimento por suas contribuições.

A missão, os valores e princípios combinam-se num conjunto que se manifesta como a cultura da organização. Essa identidade fornece a cola que junta a organização enquanto ela cresce, descentraliza, diversifica, se expande globalmente e desenvolve um lugar de trabalho diversificado.

## Visão

O segundo elemento da função planejamento é a visão. A visão é para onde a organização está se dirigindo, o que a organização gostaria de alcançar nos próximos anos (cinco anos ou mais), uma condição futura a que a organização aspira para satisfazer sua missão.

A visão é geralmente implementada de forma incremental e é ajustada no tempo em resposta a mudanças no ambiente em que a organização atua. Ela fornece os objetivos, que são realizados por meio de metas mensuráveis, as quais servem como medida do sucesso da organização. Os objetivos deduzidos dos elementos da visão são o fim para o qual os esforços são direcionados. Esse esforço é a estratégia.

A estratégia, então, tem metas específicas que determinam o fim das ações, quando alcançadas. A medida desse fim das ações ou do sucesso é um *indicador-chave de sucesso (KPI)*. A atividade de gerenciamento para assegurar que as metas, suas estratégias e seus objetivos continuem em sincronismo com a visão desejada é o que chamamos de *alinhamento*.

## Estratégia

A estratégia é uma abordagem metodológica para alcance dos objetivos estabelecidos na visão. Ela não é um objetivo, mas a forma de atingir esse objetivo. Ela alinha os elementos da visão, metas, objetivos e as medidas, de forma a criar ações para direcionar as operações da organização. Essas linhas de ação são chamadas *programas ou projetos*. Elas são o meio pelo qual as estratégias são implementadas e promovem mudanças na operação do negócio, aumentando as capacidades, produtos e serviços oferecidos pela empresa aos seus interessados.

Os programas são constituídos por projetos, que são os meios para que se promovam as mudanças objetivadas por meio do uso lógico dos diversos recursos disponíveis, tais como pessoas, dinheiro e equipamentos. A criação de uma infraestrutura para a condução de múltiplos projetos é o que chamamos de programa.

## Operações

As operações são fundamentalmente o funcionamento das partes de uma organização que apoiam a sua missão e o alcance da visão. As operações são compostas de pessoas, processos, tecnologia e infraestrutura. O sucesso da organização é avaliado por medidas para assegurar que o desempenho de todas as partes está alcançando as expectativas.

As pessoas, tecnologia e infraestrutura são os ativos tradicionais, recursos utilizados para conduzir as operações da organização. Por sua vez, os processos são um ativo invisível, já que é por meio deles que realmente se torna possível fornecer produtos e serviços para os consumidores e demais interessados (*stakeholders*). Assim, as pessoas não fornecem produtos ou serviços, mas possibilitam ou executam os processos que fornecem produtos e serviços. Os colaboradores são alocados nas áreas funcionais da organização com base em suas habilidades e no tipo de tarefa que será realizada.

Podemos definir processo como uma série de passos que produzem alguma coisa de valor (produtos ou serviços) para seus *stakeholders*. É simplesmente "o modo como o trabalho é feito".

Os *stakeholders* são os indivíduos ou entidades que têm interesse no processo ou que poderão ser beneficiários dos resultados do processo. Os *stakeholders* podem estar dentro ou fora da organização.

Um processo é iniciado por um evento. Ele recebe entradas, que são fornecidas pelos *stakeholders* ou por um outro processo que o antecede no fluxo de produção. Essas entradas são transformadas em saídas usando *guias* para gerenciar e controlar os processos e suportes para a execução dos processos, tais como recursos humanos, sistemas, dados e infraestrutura.

Fig. 17 - Visão geral de um processo

## Entradas

As entradas podem ser matéria-prima, dados, ou qualquer outra coisa que o processo irá transformar em saída. Elas podem se originar interna ou externamente à organização. Um evento é aquilo que dá início ao processo num determinado tempo ou por um motivo qualquer e está associado a tempo, propósito, saídas e resultados esperados.

Nas iniciativas para melhoria dos processos, os eventos que dão partida ao processo são também usados para confirmar o escopo dos limites, os contornos do projeto e para validar o fluxo de transformação, de forma similar a um processo de fabricação, em que a matéria-prima é processada e convertida em produto final. Independente do material que esteja sendo processado, ele irá carregar sua especificação (*dado*) como entrada e, após a transformação, o dado se transformará em *informação* a respeito do produto transformado.

Os processos e os dados são dependentes uns dos outros. Os dados se transformam em informação na medida em que são processados. Imagine que vamos fazer a compra de um livro pela internet. Os dados (registros) sobre nós (consumidores), sobre o livro (título, autor), sobre o preço e condições de pagamento só se transformarão em informação (dados organizados para se tornarem úteis) após terem sidos alimentados no processo.

## Saídas e resultados

As entradas são transformadas pelos processos em saídas (resultados). As saídas podem ser coisas tangíveis, enquanto os resultados podem ser o fim de uma transação. No exemplo anterior, da colocação de um pedido de compra de um livro pela internet, a saída pode ser a confirmação do pedido e o embarque do livro (dentro das dimensões da qualidade). Porém, o resultado poderá ser a nossa satisfação.

Os resultados são o que queremos alcançar, num determinado prazo. No exemplo, a nossa satisfação pode se tornar um *indicador-chave de desempenho* (*KPI*). Vale ressaltar que os dados ou informações que são a saída de um processo podem se tornar entrada para um processo seguinte. No caso do livro, a compra servirá como entrada para o processo de gestão de estoques.

## Guias

Os guias gerenciam e controlam a transformação das entradas em saídas. Diferentemente das entradas, que são consumidas ou transformadas pelos processos, os guias servem somente como referência e não são consumidos. Esses guias podem ser fornecidos pelos processos de gerenciamento ou pelos interessados (*stakeholders*) de dentro ou fora da organização. Podemos classificar os guias em três categorias: estratégias e governança, políticas e normas, informação e conhecimento.

### Estratégias e governança

Essa categoria de guias procura garantir a governança e fornecer

## TRÊS PERSPECTIVAS PRIVILEGIADAS

as linhas gerais para garantir que as operações do dia a dia estejam alinhadas com as metas e objetivos da organização. Podemos citar como guias o orçamento, as medidas de desempenho, a propriedade dos processos e as responsabilidades gerenciais.

### Políticas e normas

Aqui estamos falando das normas da organização, as práticas, os procedimentos e as restrições que orientam e guiam a execução dos processos. Elas visam a garantir o sucesso e minimizar os riscos. As decisões no dia a dia nos processos são balizadas por elas. Se retornarmos ao processo de compra do livro pela internet, o limite de crédito, bem como a aprovação da operação, poderiam ser duas das normas, enquanto o valor dos impostos seria dado pela área de controle fiscal.

### Informação e conhecimento

O conhecimento inclui as informações internas ou externas que podem ser utilizadas para otimizar o sucesso do processo com base em experiências passadas. Aqui podemos incluir o material utilizado para capacitar os colaboradores, ou ainda as instruções de trabalho. No exemplo da compra do livro, o conhecimento pode ser as nossas preferências.

### Viabilizadores

Os *viabilizadores* são os recursos reutilizáveis da organização destinados a suportar os processos. Os guias são normalmente chamados de normas e os viabilizadores de ferramentas. Podemos classificá-los em três categorias: o capital humano (os papéis organizacionais), a tecnologia e a infraestrutura que suporta os processos.

### O capital humano (os papéis organizacionais)

Os papéis organizacionais representam os trabalhos ou posições atribuídos para a execução do processo. A capacitação necessária para executar o processo é utilizada para definir o perfil e os papéis, que, por sua vez, se tornam as descrições de trabalho. As avaliações dos colaboradores são baseadas nas medidas de desempenho que são alinhadas com esses papéis. Para desenvolver a capacitação dos colaboradores o treinamento é baseado nas competências necessárias para executar o processo.

## A tecnologia

A tecnologia é um termo muito amplo, que trata de uma série de mecanismos que fornecem suporte técnico para os processos. É um termo que envolve o conhecimento técnico e científico e a aplicação desse conhecimento por meio de sua transformação no uso de ferramentas, processos e materiais criados e/ou utilizados. Dependendo do contexto, a tecnologia pode significar:

- As ferramentas e máquinas;
- As técnicas, conhecimentos, métodos, materiais, ferramentas e processos usados para resolver problemas ou ao menos para facilitar sua solução;
- Um método ou processo de construção e trabalho (tal como a tecnologia de manufatura, a tecnologia de infraestrutura ou a tecnologia espacial);
- A aplicação de recursos para a resolução de problemas.

O termo tecnologia também pode ser usado para descrever o nível de conhecimento científico, matemático e técnico de uma determinada cultura. Na economia, a tecnologia é o estado atual de nosso conhecimento de como combinar recursos para produzir produtos desejados (e nosso conhecimento do que pode ser produzido). A tecnologia é um ativo reutilizável.

## Infraestrutura de suporte

Esse termo cobre uma variedade de plataformas e fundações que possibilitam o acontecimento do processo. Para as pessoas, a infraestrutura inclui o local de trabalho, prédios e energia. Para os sistemas, inclui o *hardware*, *software* e plataformas de comunicação. Normalmente são ativos fixos.

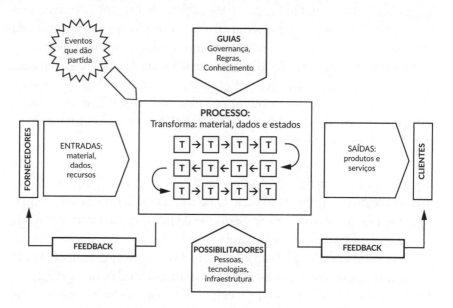

Fig. 18 - Visão geral de um processo com detalhes do fluxo

# A perspectiva da informação e do conhecimento

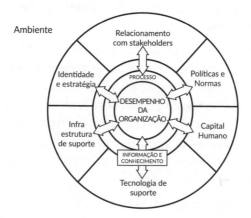

Fig. 19 - Perspectiva da informação e do conhecimento

Observe a figura 19, adaptada do modelo desenvolvido por Roger Burlton, conhecido como o Hexágono de Burlton. Comecemos pelo centro da figura. Lá encontramos o círculo do *desempenho da organização*, que pode ser descrito como um conjunto de objetivos e metas necessários para viabilizar e garantir o sucesso da organização. É esperado da organização que ela forneça algum valor para seus clientes e para todos com quem se relaciona, tanto internos como externos. Normalmente utilizamos os KPIs como mecanismo para medir o desempenho da organização.

O segundo círculo, que envolve o círculo do desempenho da organização, é o círculo dos *processos*, já que o desempenho da organização se dá por meio da execução de um ou mais processos. Todo o trabalho que promove o desempenho se dá por meio dos processos. Os dados, materiais e o estado das coisas ou ideias são transformados via processos. Acionados por um evento, os processos recebem entradas de uma ou mais fontes e as transformam em saídas ou resultados. Tipicamente dados, material e o estado das coisas são transformados pelos processos.

O terceiro círculo, que envolve os processos, é o que trata da informação e do conhecimento. Vale observar que ele conecta aos processos cada um dos elementos que guiam e suportam os processos, em uma estrada de mão dupla. Aqui se fornecem os insumos para as tomadas de decisão do dia a dia, incluindo informação interna e externa obtida das experiências passadas. Esses insumos servem para otimizar os processos.

Como informação e conhecimento podemos incluir o material para treinamento, informações sobre as preferências dos clientes etc. Os dados são um recurso crítico de uma organização e permeiam todos os elementos dos processos. Quando processados por um sistema/pela execução dos processos, os dados são transformados em informação, resultando em algum conhecimento organizacional. A aplicação desse conhecimento cria soluções que podem ser consideradas como sabedoria ou como habilidade de julgar com discernimento.

Enquanto a informação reside nos bancos de dados e é usada e atualizada pelos processos, o conhecimento é utilizado como guia para aumentar a efetividade, a conformidade e a inovação.

## TRÊS PERSPECTIVAS PRIVILEGIADAS

O quarto círculo trata dos guias e dos viabilizadores. Os guias gerenciam e controlam os processos. Diferentemente das entradas, que são transformadas ou consumidas pelos processos, os guias servem apenas como referências e não são consumidos. Eles garantem governança e orientações para que o dia a dia das operações esteja alinhado com as metas e objetivos, reduzindo os riscos e otimizando os processos.

Podemos classificar esses guias em três categorias:

- *Estratégias e governança*. Fornecem governança e orientações para assegurar que o dia a dia da execução dos processos esteja alinhado com os objetivos e metas. Atuam como alinhamento. Como orientações podemos destacar o orçamento, medidas de desempenho, responsabilidades gerenciais etc.;

- *Políticas e regras*. Fornecem critérios para as decisões do dia a dia. São as regras do negócio, procedimentos e regras de obediências aos padrões (*compliance*). Prestam-se a *reduzir os riscos*. Como regra podemos destacar o limite de crédito para um determinado cliente e um padrão seriam os impostos sobre as vendas;

- *Relacionamento com os stakeholders*. Trata-se de identificar as partes interessadas e entender suas expectativas, alimentando a confiança e promovendo a lealdade mútua para assegurar o sucesso da organização.

Os viabilizadores, também chamados de suporte, são recursos reutilizáveis da organização e fornecem capacitação para os processos. São os três elementos na parte inferior do modelo inspirado no Hexágono de Burlton:

- *O capital humano*, em que a competência é uma exigência padrão para que um indivíduo possa desempenhar adequadamente seu trabalho;

- *A tecnologia de suporte, que* inclui a tecnologia de informação (sistemas e aplicativos, banco de dados, mecanismos tais como linhas de produção, robôs, equipamento científico e equipamentos de engenharia);

- A *infraestrutura de suporte, que* é definida como um ativo que permite todos os aspectos da configuração da organização, indo desde utilidades, comunicações e plataformas técnicas até utilidades e energia.

## A importância da perspectiva da informação e do conhecimento

A perspectiva da informação e do conhecimento é importante porque os líderes de mercado estão vencendo, por adesão a dois princípios:

- Tratam a informação como um *produto* e não como um subproduto;
- Cultivam o *conhecimento organizacional* como o seu núcleo de capital intelectual, não meramente para um pequeno grupo de colaboradores especiais.

Uma informação saudável é o fenômeno mais revolucionário que as organizações têm experimentado. Além do mais, para sobrevivermos, deveremos atuar nos seguintes pontos-chave:

- Transformando conhecimento tácito em conhecimento explícito;
- Transformando conhecimento local em conhecimento global;
- Criando conhecimento organizacional com qualidade por meio da informação e das experiências pessoais;
- Estabelecendo as melhores práticas;
- Destilando o núcleo do conhecimento (da competência);
- Suportando a produção do conhecimento organizacional e o reuso nos processos com infraestrutura tecnológica e organizacional;
- Promovendo um ambiente para criação e compartilhamento do conhecimento.

Ao invés de tratar a informação como um subproduto, devemos tratá-la como um produto, isso é, como um fim que satisfaça as necessidades do cliente. Todos esses pontos são considerados no SuperFoco.

# TRÊS PERSPECTIVAS PRIVILEGIADAS

Vale ressaltar que tratar a informação como subproduto nos conduz a focar no alvo errado. Assim, usualmente focamos no sistema ao invés de focar no produto final, a informação. Por isso, devemos distinguir entre fabricação de produtos e fabricação de informação.

- Fabricação de produtos é um processo que atua na matéria-prima para produzir o produto final.
- Fabricação de informação é um processo que atua nos dados para produzir informações.

| Entrada | Processo | Saída |
|---|---|---|
| Matéria-prima | Linha de produção<br>Fabricação de produto | Produtos físicos |
| Dados | Sistema de informação<br>Fabricação de informação | Produtos de informação |

*Um sistema de fabricação de informação é aquele que produz produtos de informação.*

O conceito de *produto de informação* enfatiza o fato de que a informação saída de um sistema de fabricação de informação tem valor transferível para o consumidor, seja ele interno ou externo.

Os próximos dez anos irão testemunhar dois tipos de organização: aquelas que exploram a tecnologia da informação e aquelas que paulatinamente estarão fora do negócio. Mas qual será o propósito de explorar a tecnologia de informação? *Fornecer informação de qualidade.*

Até que as organizações tratem a informação como um produto e o gerenciem adequadamente, informações de qualidade não serão fornecidas aos clientes de forma consistente e confiável, o que resultará em baixas margens, perda de oportunidades e comprometimento da imagem.

## Dado, informação e conhecimento

Dois processos são fundamentais em uma organização: o processo de comunicação e o processo decisório. Uma forma que temos para coordenar e controlar uma organização é a efetiva comunicação entre as unidades. Isso pode ser conseguido parcialmente por um sistema de informação.

Quando analisamos a função de um gestor em uma organização,

independente de sua posição hierárquica, percebemos que ele toma decisões de forma sistemática. Por isso, algumas vezes o gestor é chamado de "tomador de decisões". Para que ele tome decisões efetivas, é fundamental que seja suportado por um sistema de informação adequado.

---

Um sistema de informação é um veículo para capturar, armazenar, correlacionar, disseminar e/ou acessar informação a respeito do ambiente externo, das operações, ou da conexão entre eles.

---

De forma simples, gerenciar a informação significa que a pessoa certa obtém a informação correta na hora certa. Muito do gerenciamento do conhecimento trata de obter o conhecimento que está na cabeça de poucas pessoas (conhecimento tácito) e torná-lo disponível para todos que podem usá-lo (conhecimento explícito).

Para compreender melhor essa perspectiva vamos procurar entender o que é dado, informação e conhecimento e qual é a diferença entre eles.

Conforme vimos anteriormente, a informação e o conhecimento envolvem os processos e conectam a eles cada elemento que os guia e suporta. Essa conexão se dá por meio dos dados, informações e conhecimento. Os dados são um recurso crítico de uma organização, pois permeiam todos os elementos dos processos.

---

Enquanto a informação reside nos bancos de dados e é usada e atualizada pelos processos, o conhecimento é utilizado como guia para aumentar a efetividade, a conformidade e a inovação.

---

## O que é dado?

Existe uma diferença sutil entre dado e informação. Os dados são matérias-primas (algo não trabalhado), são fatos que necessitam ser processados. Eles podem ser algo simples e aparentemente randômico, até mesmo inútil, até que sejam organizados. Dados individuais normalmente não têm uso de forma isolada e precisam ser colocados

## TRÊS PERSPECTIVAS PRIVILEGIADAS

dentro de um contexto para que se tornem informação. Para isso eles são processados, organizados, estruturados ou apresentados dentro de um contexto.

Dados são os fatos do mundo em que vivemos. Por exemplo, consideremos nós mesmos. Eu tenho 1,84 m de altura, cabelos grisalhos e olhos castanhos. Tudo isso são dados, fatos, mesmo que não estejam registrados em nenhum lugar.

De várias formas, um dado pode ser pensado como uma descrição do mundo. Capturamos os dados pelos nossos sentidos e eles são, então, processados por nossos cérebros. Como seres humanos, temos utilizado os dados (os fatos do mundo em que vivemos) para formar conhecimento do mundo. Até a época em que nós começamos a utilizar a informação, tudo que poderíamos utilizar eram os dados diretos. Caso você quisesse saber minha altura, você deveria vir até mim e olhar-me. Nosso conhecimento era limitado pelas nossas experiências diretas.

Dados são simplesmente fatos ou figuras, *bits* de informação, mas não informação propriamente dita. Eles são os fatos ou detalhes dos quais a informação é derivada, e a informação os coloca num contexto. Por exemplo, uma lista de datas (dados) não tem sentido sem a informação que torna essas datas relevantes (datas de aniversário, por exemplo). Os dados e as informações estão intimamente ligados.

## O que é informação?

Essa é uma questão básica que normalmente não nos preocupamos em fazer. Então o que exatamente é informação? É algo muito importante para a nossa vida contemporânea, mesmo que nós não entendamos o porquê.

Fundamentalmente, a informação nos permite estender nossa experiência do mundo além do alcance dos nossos cinco sentidos. A informação vem da palavra latina *informatione*, que é o ato ou efeito de informar(-se). Ela nos informa a respeito daquilo que nós não experimentamos diretamente. Caso não seja possível utilizar a informação, ficaremos limitados ao que nós vemos, ouvimos, tocamos, cheiramos e degustamos diretamente.

Há milhares de anos utilizamos a comunicação (ex.: interlocução entre duas pessoas) como uma fonte de informação, mas somente há algumas centenas de anos passamos a utilizar outras fontes de forma massiva, como a imprensa escrita, a máquina fotográfica, o rádio, a televisão e a internet.

Exemplos:

- Existe uma grande chance de que você nunca tenha encontrado o jogador Pelé pessoalmente, mas você sabe como ele se parece por causa das fotos e filmes a respeito dele;
- Você sabe de eventos em países que nunca visitou porque leu sobre eles nos jornais;
- Você sabe com razoável precisão como o tempo se comportará amanhã porque viu a previsão na TV.

É por isso que a informação se torna valiosa, porque com ela podemos desenvolver conhecimento sobre as coisas com que não temos contato direto, ao invés de depender somente de nossas próprias experiências.

O conhecimento é o mapa do mundo que construímos dentro de nossas cabeças. Quando vemos ou ouvimos alguma coisa nova, nosso cérebro atualiza esse mapa. Nós tomamos decisões com base nesse mapa, não no mundo real propriamente dito. É como dirigir usando o GPS ao invés de olhar pelo para-brisa do carro. Caso nosso conhecimento seja incompleto ou falho, podemos tomar decisões erradas.

Informações nos ajudam a preencher as lacunas no nosso conhecimento e a completar esse mapa mental. Suponhamos que você tenha armazenado em um *pen-drive* todos os dados pessoais de cada um dos funcionários de sua empresa (nome, filiação, data de nascimento, conta bancária etc.). Se por acaso você perder esse *pen-drive*, a informação terá sido perdida, mas não os dados. O João Pedro ainda mora na Rua Presidente Dutra, 126 e Marina nasceu em 15 de março de 1978.

A informação:

- Pode ser palavras, números, figuras, *softwares*, sons ou vídeos que tenham sentido;
- Pode ser comunicação de conhecimento, e/ou um sinal ou um dado transmitido;

- Não é nem um bem, nem um serviço, mas tem características de ambos, bem como características que lhe são próprias;

- É única, porque tem uma forma matemática, independentemente se o meio que a está exibindo é um livro, um filme, uma gravação de áudio ou uma tela de computador;

- Pode ser consumida por mais de uma pessoa em várias localizações diferentes ao mesmo tempo;

- É, ou tem a capacidade de ser, fornecida de maneira impessoal;

- É a mesma para todos os consumidores que desejam usá-la, que podem usá-la da maneira que desejarem;

- Não deve ser confundida com o modo ou meio pelo qual está sendo fornecida. O modo aqui se refere à informação que existe simbolicamente como palavras, números, pinturas, ou sons. O meio se refere ao meio físico pelo qual a informação é fornecida aos usuários, via impressão, rádio, digital, mídia visual etc.

O uso não consome ou muda a informação, embora o tempo possa torná-la obsoleta.

---

Misturar dado e informação pode conduzir a erros perigosos!

---

Os *dados estão sempre corretos* (eu não posso ter 34 e 68 anos de idade ao mesmo tempo), mas a *informação pode estar errada* (podem existir dois arquivos sobre a minha pessoa, um deles dizendo que eu nasci em 1982 e outro dizendo que eu nasci em 1948). A informação captura dados em um ponto determinado. Por isso, devemos ter em mente que os dados mudam com o tempo.

O erro cometido pelas pessoas é pensar que as informações para que estão olhando são sempre um reflexo preciso dos dados. A compreensão dessas diferenças nos conduz a uma habilidade de tomar decisões melhores com base em fatos precisos.

## O que é conhecimento?

Conhecimento é aquilo que nós sabemos. Pense nele como um

mapa que construímos no nosso cérebro. Nosso cérebro conecta todas as coisas, criando uma rede gigante de ideias, memórias, crenças etc. Como um mapa físico, o conhecimento nos ajuda a saber onde as coisas estão. Porém, ele contém mais do que isso. O conhecimento contém nossas crenças e expectativas. "Se eu fizer isso, possivelmente vou obter aquilo". Nosso cérebro está constantemente atualizando esse mapa por meio dos sinais capturados pelos nossos olhos, ouvidos, nariz, boca e pele.

Nosso cérebro usa duas fontes para gerar conhecimento: dados e informação.

- *Conhecimento* é algo que somente os humanos possuem. As pessoas conhecem as coisas, os computadores não as conhecem;
- O conhecimento nos dá a habilidade de tomar ações;
- O conhecimento é baseado na experiência, requer informação e envolve a aplicação de métodos e regras que conduzem à descoberta e à resolução de problemas (consciente ou inconscientemente), além de nos permitir tomar decisões inteligentes;
- O conhecimento ocorre quando você transforma a informação em instruções.

A informação são dados processados para se tornarem úteis e fornece resposta para as perguntas "A quem?", "O quê?" e "Quando?". Por sua vez, o conhecimento é a aplicação dos dados e informações e responde à questão "Como?".

Quando nós olhamos para o relacionamento entre dado e informação, podemos estabelecer uma cadeia mais ampla.

---

A Pirâmide DICS descreve o relacionamento hierárquico entre dados, informação, conhecimento e sabedoria, válido tanto para os negócios como para o cérebro humano.

---

Vamos vê-la em ação com um exemplo.

1 *Dado*. Como já vimos, os dados vêm em forma de sinais como

números, palavras, figuras ou outros sinais que representam fatos discretos sobre uma realidade objetiva. Não têm sentido por si.

*Momento 1.* Temos cinco medidas de temperatura de uma caldeira para produção de vapor.

*2 Informação:* É algo que tem sentido e que pode ser usado. Por isso trabalhamos os dados, os organizamos e damos a eles um significado que possa ter utilidade.

*Momento 2.* Lançamos essas cinco medidas em um gráfico *temperatura x tempo* e percebemos uma curva ascendente.

*3 Conhecimento:* É aquilo que necessitamos para que, de posse da informação, possamos agir.

*Momento 3.* Acionamos a botoeira para desligar a caldeira, pois há risco de explosão.

*4 Sabedoria:* Trata de saber o porquê. Por que fazer isso?

*Momento 4.* Conhecíamos as limitações físicas do sistema.

---

**Fica evidente que caso o dado seja falho, toda a pirâmide irá ruir!**

---

O dado é a base da pirâmide. É o início de um processo contínuo. Se o dado é falso, toda a pirâmide está comprometida. A informação que deriva do dado não será precisa. Com informação imprecisa, nós não podemos fazer julgamentos confiáveis ou desenvolver um conhecimento confiável. O conhecimento, por sua vez, não poderá se tornar sabedoria, já que falhas ocorrerão logo que ele for testado.

Dados falhos custam tempo e esforço, fornecem falsas impressões, resultam em previsões pobres e desvalorizam o processo todo. Essa é a razão pela qual a qualidade do dado é vital para todos nós.

## Gestão do conhecimento

Como vimos, um sistema de informação é um veículo para capturar, armazenar, correlacionar, disseminar e/ou acessar informação a respeito do ambiente externo, das operações, ou da conexão entre eles. De forma simples, gerenciar a informação significa que a pessoa certa obtém a informação correta na hora certa. Por sua vez, o gerenciamento do conhecimento trata de obter o conhecimento tácito e transformá-lo em conhecimento explícito. Resumidamente, se trata de projetar e capturar conhecimento em cada tarefa crítica.

---

"Conhecimento capturado das operações e saída de um processo é o que é incorporado como guia e nos facilita para ser compartilhado em toda organização."

---

Uma maneira de implementar essa definição é torná-la uma prática no dia a dia, identificando o que está sendo aprendido na medida em que estamos executando um processo. Devemos capturar a informação, armazená-la em um documento ou banco de dados (um viabilizador) para que os executantes da tarefa e os gestores possam aprender (guias) com a experiência e implementar melhorias.

---

A informação a respeito dos processos deve ser documentada a fim de ser usada como peça de comunicação. Assim, ela pode ser reusada por todos os envolvidos e sua análise pode promover melhorias nos processos.

---

Como nós consideramos um processo como um ativo, todo o conhecimento a respeito desse ativo deverá ser planejado, criado, armazenado, mantido e reusado para otimizar a operação da organização.

No capítulo 11, que trata das tarefas críticas, retornaremos a esse tema.

## Neste capítulo abordamos as seguintes questões:

1. As tarefas são o trabalho que precisa ser realizado pela organização para que ela atinja seus objetivos de forma efetiva e elas podem ser consideradas em dois diferentes níveis: Quais são eles?

2. O segundo elemento básico das organizações é o conjunto de indivíduos que executam as tarefas. Quais são as três características individuais particularmente importantes?

3. Os grupos constituem o terceiro elemento básico. Enquanto os indivíduos executam as tarefas, muito trabalho organizacional é realizado por conjunto de pessoas trabalhando de maneira coordenada. Três aspectos são particularmente importantes quando tratamos dos grupos, quais são eles?

4. O que é a efetividade individual do trabalho?

5. O que é a efetividade grupal do trabalho?

6. O que é a influência social?

7. O que são arranjos organizacionais formais e informais?

8. Por que o ambiente onde se insere uma organização é importante?

9. Com que funções as organizações respondem aos seus impulsionadores? Defina cada uma dessas funções.

10. Como podemos definir um processo?

11. Quem são os *stakeholders*?

12. Apresente uma visão geral de um processo.

13. Detalhe a figura adaptada do modelo desenvolvido por Roger Burlton, conhecido como Hexágono de Burlton.

14. Os líderes de mercado estão vencendo, por adesão a dois princípios, quais são eles?

15. Defina dado, informação e conhecimento.

16. O que é um sistema de informação?

17. Como podemos definir o gerenciamento de informação?

18. De que trata a gestão do conhecimento?

# Obras para consulta

ANDRADE, A. et al. *Pensamento sistêmico*: caderno de campo. O desafio da mudança sustentada nas organizações e na sociedade. Porto Alegre: Bookman, 2006.

BOLTON, Robert. *People skills*. New York: Simon e Schuster, 1986.

DAVENPORT, Thomas H.; HARRIS, Jeanne G. *Competição analítica*: vencendo através da nova ciência. Rio de Janeiro: Campus, 2007.

HUANG, Kuan-Tsae; LEE, Yang W.; WANG, Richard Y. *Quality information and knowledge*. Hempstead: Prentice Hall, 1999.

KOTTER, John P. A *sense of urgency*. Boston: Harvard Business Press, 2008.

LABERGE, Robert. *The data warehouse mentor*. [s.l.]: McGraw Hill, 2011.

LUSSIER, Robert N. *Management fundamentals*: concepts, applications, and skill development. Thousand Oaks: SAGE Publications, 2015.

MAHAL, Artie. *How work gets done*: business process management, basics and beyond. New Jersey: Technics Publications, 2010.

MILTON, Nick. *Knowledge management*: for teams and projects. Oxford: Chandos, 2005.

NADLER, David A.; HACKMAN, J. Richard; LAWLER III, Edward E. *Comportamento organizacional*. Rio de Janeiro: Campus, 1983.

SMITH, Preston G.; REINERTSEN, Donald G. *Developing products in half the time*: new rules, new tools. Hoboken: J. Wiley, 1998

STERMAN, John D. *Business dynamics*: Systems thinking and modeling for a complex world. [s.l.]: McGraw Hill, 2004.

WHITEHURST, Jim. *The open organization*: igniting passion and performance. Boston: Harvard Business Review Press, 2015.

*Capítulo 9*

# Revisitando a identidade da organização

*Poucas organizações têm uma ideia clara do que seja a sua missão, e esta é uma das causas principais de seus piores erros... Os administradores não têm percepção daquilo em que a organização é realmente boa e nem daquilo em que ela não é boa.*

*– Peter Drucker*

# Propósitos

- Explicar a importância da identidade da organização
- Explicar cada um dos componentes da identidade da organização: missão, visão, valores e estratégia e como eles guiam a organização ao responder às questões:

  - Por que nossa organização existe? A missão;

  - Onde queremos chegar? A visão;

  - Que crenças e princípios irão orientar nossos comportamentos? Os valores;

  - Qual é a estratégia? Como chegaremos lá?

# Resultado Esperado

- Conscientização de todos os colaboradores da relevância da identidade como um guia para todas as operações da organização.

## Contexto

O contexto é aquele no qual as organizações estão inseridas em um ambiente de constante mudança e, mais do que nunca, todos os colaboradores necessitam estar alinhados e enxergar com clareza a agenda da organização. Estamos conscientes de que uma das maneiras mais simples e efetivas de usar a governança é através da adoção de uma identidade clara.

# Conteúdo do capítulo

- O que é a identidade da organização?
- A razão da identidade da organização
- A declaração da missão
    - O que é uma boa declaração de missão?
    - Como criar uma boa declaração de missão?
- A declaração dos valores
    - O que é uma boa declaração de valores?
    - Como criar uma boa declaração de valores?
- A declaração da visão
    - O que é uma boa declaração de visão?
    - Como criar uma boa declaração de visão?

## O que é a identidade da organização?

A identidade é um conjunto de características que faz com que uma organização seja única no mercado. Representa, em outras palavras, a própria personalidade da organização, isso é, a sua forma de ser em sua atuação global, a qual é compartilhada pela totalidade de seus colaboradores.

A identidade da organização serve como base para definir seus objetivos estratégicos, comunicar sua essência, selecionar parceiros e desenvolver produtos coerentes com esse DNA. As organizações que se estruturam solidamente a partir de sua identidade (composta por missão, valores e visão) são chamadas de organizações impulsionadas pela essência. Esse tipo de organização consegue canalizar a energia que resulta de sua clareza de direção e de seu foco. Tem se observado que essas organizações têm maior resiliência, isso é, maior capacidade de lidar com os problemas e de resistir às mudanças do mercado e de clientes, porque têm clareza sobre seu propósito essencial. Organizações impulsionadas pela essência conhecem seus propósitos e sabem por que eles são importantes. Elas são mais poderosas, exigem mais comprometimento dos colaboradores e têm desempenho melhor em um ambiente de mudanças. Nessas empresas, as pessoas se reúnem em torno de um sonho comum, o trabalho de diferentes pessoas é coordenado, as decisões são tomadas mais facilmente, os comportamentos inapropriados são mais perceptíveis, e o estado atual, confortável ou inadequado, é questionado.

Como vimos no capítulo 8, a história de uma organização começa com os agentes ambientais que a impulsionam. Esses impulsionadores têm origem em uma ou mais influências do ambiente: social, tecnológica, econômica, ambiental, política, legal e de fatores éticos. As organizações respondem a eles por meio de dois processos principais: planejamento e operações.

O planejamento se estrutura a partir da identidade, que é composta por missão, visão, valores e estratégias. A identidade, conforme falamos, é estável por um certo período de tempo e é o que torna uma organização única no mercado, é o DNA da organização, de onde emanam as orientações para a parte operacional.

E as operações (processos, pessoas e tecnologia), que são suportadas por uma infraestrutura e dinâmicas, mudam em resposta aos impulsionadores da organização.

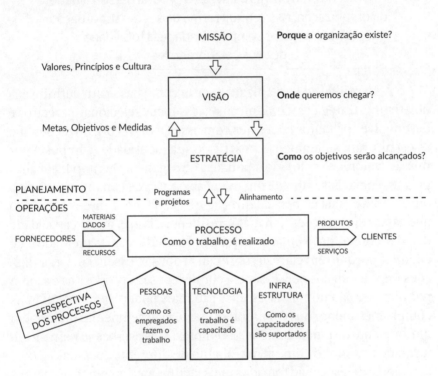

Fig. 20 – A identidade da organização

Se você não tem as declarações de missão, visão e valores, ou tem, porém não as utiliza para direcionar e dirigir o dia a dia de sua organização, então você está perdendo uma das maneiras mais simples e efetivas de usar a governança.

É muito importante manter os colaboradores na mesma página que você. Se eles não tiverem clareza sobre a agenda da organização, terão dificuldade em atuar como um time plenamente preparado. Essa é a razão pela qual muitas organizações necessitam de missão, visão e valores para conseguir que o trabalho seja bem feito da primeira vez.

# REVISITANDO A IDENTIDADE DA ORGANIZAÇÃO

Como tudo que tem valor permanente, a criação dessas declarações irá requerer tempo, pensamento e planejamento. Entretanto, esse esforço valerá a pena, pois trará valor tanto para o processo de criação dessas declarações como para as declarações em si.

Imagine ir trabalhar todos os dias cheio de propósito e convicção. Você acredita fortemente nos valores de sua organização e está fortemente comprometido com sua missão, porque entende e valoriza o bem que sua organização faz para o mundo. Você fica feliz quando vai trabalhar e se dedica de corpo e alma, porque sabe que faz sentido. As pessoas se inspiram genuinamente se a organização da qual fazem parte tem uma visão impulsionadora e uma missão clara e importante, ambas expressas e comunicadas de maneira eficiente. Essas declarações servem para que os líderes comuniquem o propósito e a direção da organização e, quando isso ocorre adequadamente, as declarações podem motivar toda a organização com uma visão de futuro inspiradora. Todos devem saber para onde estão indo e por quê!

## A razão da identidade da organização

As empresas que desfrutam de contínuo sucesso têm valores e propósitos centrais que permanecem fixos, enquanto suas práticas e estratégias de negócio se adaptam incessantemente a um mundo em constante mudança.

De acordo com James C. Collins e Jerry L. Porras, em pesquisa para o *Built to last: successful habits of visionary companies,* a dinâmica de preservar o núcleo e estimular o progresso é a razão pela qual as organizações tornam-se instituições de elite, capazes de se renovar e de alcançar um desempenho superior a longo prazo. Para eles, as verdadeiras grandes empresas entendem a diferença entre o que nunca deve mudar e o que deve estar aberto a mudanças, entre o que é genuinamente sagrado e o que não é. A prática dessa rara habilidade de gerenciar constância e mudança requer disciplina, e está intimamente ligada à habilidade de desenvolver uma visão.

A visão fornece orientação sobre qual núcleo preservar e qual futuro estimular na direção do progresso. Uma identidade consistente transcende o ciclo de vida do produto ou mercado, os avanços tecnológicos, as manias de administração e os líderes individuais.

Entendemos que tão importante quanto se conhecer é saber para onde se está indo, pois o seu objetivo mudará, assim como o mundo ao seu redor muda. Líderes morrem, produtos se tornam obsoletos, mercados mudam, novas tecnologias emergem e manias de administração vêm e vão, mas a ideologia central numa grande empresa continua, como um tipo de orientação e inspiração.

Vamos imaginar uma pessoa sem sua carteira de identidade ou mesmo sem sua certidão de nascimento. Quais são as consequências disso? Ela poderá ser excluída de muitas oportunidades ou mesmo impedida de exercer seus direitos, pois juridicamente ela não existe! Se pensarmos um pouco mais adiante, o que acontece a uma pessoa que não tem ideias próprias? Uma pessoa incapaz de dizer sim ou não? Ela fica à mercê das outras. Como não tem ideias próprias, qualquer ideia serve, e por isso ela seguirá tendências, oportunidades e modismos que, no fundo, são padrões definidos pelos outros.

Por outro lado, as pessoas que se prendem muito às suas próprias ideias e opiniões, e que acham que estão sempre certas, têm grande chance de ficarem isoladas, já que, de certa maneira, fecham suas próprias portas. Podemos dizer que o mesmo vale para as organizações, por isso fica nítida a necessidade e a importância de definir claramente a identidade da organização.

## A declaração da missão

Quando trabalhamos a identidade de uma organização, normalmente começamos pela missão. A declaração da missão deve responder à seguinte questão: "Por que minha organização existe?" Ela trata do propósito da organização.

Uma boa missão expressa com facilidade a essência e o papel da organização, estimulando aqueles que têm motivações semelhantes a se aproximar mais rapidamente. Ela dá sentido ao sacrifício, já que as pessoas precisam, em geral, ver um significado maior em tudo que fazem. Ver esse sentido ajuda a suportar sacrifícios e a fazer maiores

## REVISITANDO A IDENTIDADE DA ORGANIZAÇÃO

esforços. A declaração da missão eleva as aspirações, motivando as pessoas a irem além do cumprimento das tarefas. Ela facilita o diálogo entre as pessoas de forma a ajudá-las a partir do mesmo princípio, e permite que cada um perceba com clareza qual é a sua contribuição para a organização. Além disso, ela gera ações corretas, expressa o que deve ser feito e como deve ser feito.

A missão, que deve durar muitos anos, não deve ser confundida com os objetivos específicos ou estratégias de negócio, que devem mudar várias vezes. Se você pode atingir um objetivo ou cumprir uma estratégia, o mesmo não pode ser feito com um propósito (missão). O propósito é como uma estrela-guia no horizonte – sempre perseguida, mas nunca alcançada. Sendo assim, ele não muda, mas inspira mudanças. O fato de o propósito não poder ser totalmente realizado significa que a organização não pode nunca parar de estimular a mudança e o progresso.

O propósito, ou missão, do Sítio do Cedro, uma fazenda produtora de leite de qualidade, é: "Contribuir com a saúde, nutrição e bem-estar da sociedade, produzindo leite de qualidade por meio de um rebanho sadio e com profundo respeito às pessoas e ao meio ambiente."

Nesse caso, fica claro que a razão de ser da empresa não é meramente produzir e comercializar leite, mas contribuir com a saúde, nutrição e bem-estar da sociedade por meio da produção de leite de qualidade, obtido de um rebanho sadio e com profundo respeito às pessoas e ao meio ambiente. Essa missão será continuamente perseguida! Dessa forma, os colaboradores dedicam seu dia a dia a dar sua parcela de contribuição para a sociedade, produzindo leite de qualidade, contribuindo para a saúde, nutrição e bem-estar da mesma. *O papel primordial da missão é guiar e inspirar.*

Quando as pessoas de uma organização falam sobre suas conquistas, falam pouco sobre ganhos por ação. Falam, sim, sobre melhorias na qualidade e sobre o efeito que os produtos criados por elas têm no mundo. Existem várias vantagens em uma boa declaração de missão:

- Ajuda a manter a direção certa;
- Ajuda a definir a competência da organização, ou seja, ela determina em que campo ou área a organização deve expressar sua habilidade;

- Ajuda a manter a ligação com os clientes: uma boa missão deve ajudar a organização a não se distanciar das necessidades que deve atender;
- Concentra esforços, porque torna explícito aquilo que efetivamente deve ser realizado;
- Ajuda a definir o papel no futuro: expressa aquilo que a organização deve assumir pelo tempo de sua existência;
- Facilita fazer escolhas e definir prioridades: na medida em que define um norte, a missão ajuda a estabelecer as metas e objetivos a serem alcançados;
- Ajuda a dizer "não";
- Fortalece a identidade.

## O que é uma boa declaração de missão?

- Ser curta, de forma a facilitar sua transmissão e memorização na organização;
- Ser simples, escrita em uma linguagem acessível;
- Ser operativa, dando uma clara direção sobre o que a organização faz e não faz;
- Ser inspiradora;
- Ser focada no seu público-alvo, a quem a organização atende;
- Definir como a organização gostaria de ser lembrada.

Se sua declaração for:
- Curta, fácil de memorizar e puder ser recitada de cabeça mesmo sob pressão;
- Simples, escrita em uma linguagem direta e clara;
- Operativa, fornecendo uma clara direção para o que a organização faz, facilitando o entendimento das iniciativas a serem empreendidas e como alocar os recursos;
- Objetiva, definindo o que a organização faz e o que não faz;

então ela é uma boa declaração de missão.

REVISITANDO A IDENTIDADE DA ORGANIZAÇÃO

Resumindo:

- A missão é a razão de a organização existir;
- Uma missão eficaz reflete a motivação idealística das pessoas para fazer o trabalho da empresa;
- A missão, que deve durar muito tempo, não deve ser confundida com os objetivos específicos ou estratégias de negócio, que devem mudar várias vezes;
- É possível atingir um objetivo ou cumprir uma estratégia, mas o mesmo não pode ser feito com a missão, pois ela é como uma estrela-guia no horizonte – sempre perseguida, mas nunca alcançada;
- A missão não muda, inspira mudança;
- O papel primordial da missão é guiar e inspirar;
- O fato de a missão não poder ser totalmente realizada significa que a organização não pode nunca parar de estimular a mudança e o progresso.

## Como criar uma declaração de missão?

Primeiro passo: Desenvolva uma ideia vencedora. Uma proposição de venda singular, que torne sua organização diferente de seus competidores e que seja a razão pela qual seus clientes a escolherão e não a seus concorrentes.

Ser uma ideia vencedora é o objetivo central da estratégia da organização, assim sendo, um grande esforço deve ser feito para desenvolver essa ideia, formatá-la, testá-la e, finalmente, refiná-la.

Segundo passo: Esclareça seu objetivo. Faça uma lista curta das medidas de sucesso mais importantes para essa ideia. Se sua ideia vencedora for criar produtos inovadores, como você vai saber que os criou? Como medir o alcance do objetivo (KPI)? Combine a ideia e as medidas de sucesso. Garanta que a redação seja curta e clara, evitando jargões e advérbios.

Um método poderoso para descobrir a missão é o dos cinco porquês. Comece com a declaração descritiva: "Nós fabricamos X produtos" ou "Nós prestamos X serviços". Então se pergunte: "Por que isso é importante?" Faça isso cinco vezes e, depois de alguns porquês, você descobrirá que está se direcionando para o propósito fundamental da organização.

## A declaração dos valores

A declaração dos valores deve responder à seguinte questão: "Em que acreditamos?" Os valores de uma pessoa respondem à pergunta: "O que é importante para mim?" Já para uma organização, eles são os princípios e crenças que guiam as ações dos colaboradores. Os valores definem o que é mais importante para a organização, qual será o padrão de conduta das pessoas e como os colaboradores, os grupos e a própria organização conduzirão o negócio.

Nós todos temos um sistema de crenças pelo qual vivemos, que nos motiva e que serve de base para as decisões que tomamos. Esses valores, geralmente inconscientes, são padrões profundamente arraigados e influenciam quase todos os aspectos de nossas vidas: desde nossas respostas aos outros até nossos compromissos em relação às nossas metas pessoais e organizacionais. Imagine quão fácil seria trabalhar em grupo se todos nós tivéssemos os mesmos valores e as mesmas prioridades. Isso não acontece na realidade. A maioria das equipes é composta por pessoas com crenças e valores diversos. Por isso, para melhorar o trabalho em grupo e ajudar a tomar decisões que levem ao compromisso e ações, é necessário conhecer os valores que influenciam o processo de decisão e encontrar formas de priorizá-los e clarificá-los.

Os valores são a essência da filosofia de uma organização para que ela alcance o sucesso. Eles dão aos colaboradores um senso de direção comum e servem de referência para o comportamento no dia a dia.

A questão central para uma organização conseguir realizar seu trabalho é a clareza sobre seus valores. Antes de definir sua missão, visão e estratégia, uma organização precisa chegar a um acordo com relação ao que ela defende, tanto no que diz respeito ao serviço, aos clientes e às relações com a comunidade, quanto dentro dela mesma, no que se refere às negociações com os colaboradores. Os valores são importantes porque encaminham as prioridades e orientam as tomadas de decisão no dia a dia da organização. Assim, à medida que o colaborador evolui na empresa, ficando encarregado de tomar decisões mais complexas, os valores da organização servem como parâmetros de comportamento para ele.

Como disse Roy Disney, "Não é difícil tomar decisões quando você sabe quais são os seus valores". Os valores nos ajudam, tanto quando tratamos do desempenho de cada colaborador como quando lidamos com suas consequências.

Valores são um pequeno conjunto de princípios atemporais, duráveis e essenciais de uma organização. Eles não requerem uma justificação exterior, pois têm importância e valor intrínsecos para aqueles dentro da organização. Grandes empresas decidem por elas mesmas quais valores devem ser centrais, e o fazem independente do ambiente atual, de requerimentos competitivos ou de manias de administração. Só alguns valores podem ser realmente centrais – isso é, tão fundamentais e profundamente arraigados que raramente mudam, se chegarem a mudar alguma vez. Por isso, as empresas tendem a ter entre três e cinco valores fundamentais, no máximo sete.

No exercício de identificação de seus valores, a organização deve ser implacavelmente honesta. Se ela articula mais de sete valores, é provável que esteja confundindo valores centrais (os quais não mudam) com práticas operacionais, estratégias de negócio ou normas culturais (os quais devem estar abertos a mudanças). Lembre-se, os valores devem resistir ao teste do tempo. Depois de elaborar uma lista preliminar dos valores centrais, se pergunte sobre cada um: "Se as circunstâncias mudassem e nos penalizassem por segurar esse valor central, ainda continuaríamos com ele?" Se você crê que não, então o valor não é central e deve ser desconsiderado. No caso do Sítio do Cedro, sete são os valores centrais: disciplina, responsabilidade, perseverança, honestidade, trabalho em equipe, organização e limpeza, respeito ao meio ambiente. E por mais que as condições mudem, esses sete valores não deverão mudar.

## O que é uma boa declaração de valores?

Uma boa declaração de valores deve ser:

- Curta, fácil de memorizar e pode ser recitada de cabeça mesmo sob pressão;
- Simples, escrita em uma linguagem acessível;
- Operativa, fornecendo uma clara direção quanto ao que se deve ou não fazer.

Resumindo:

- Os valores têm que ser autênticos;
- Não pergunte "Que valores devemos seguir?", mas sim "Que valores seguimos com honestidade e paixão?";
- Você não deve confundir os valores que acha que a organização precisa ter – mas não tem – com os valores autênticos dela;
- O importante não é criar uma declaração perfeita, mas compreender profundamente os valores e a missão da sua organização, que podem ser expressos de maneiras diferentes.

## Como criar uma declaração de valores?

Primeiro Passo: Defina uma equipe para participar de uma pesquisa (anônima) e solicite que seus membros respondam à seguinte questão: "Quais devem ser os princípios que irão ditar como nos comportamos uns com os outros e com nossos clientes?".

Segundo passo: Hierarquize as respostas e selecione entre cinco e sete valores (de forma participativa).

Terceiro passo: Busque uma explicação para cada valor (de forma participativa).

Quarto passo: Busque as práticas e padrões de comportamento oriundos de cada valor (de forma participativa).

Quinto passo: Retorne aos que participaram da pesquisa e solicite de forma anônima as contribuições.

As pessoas envolvidas em articular os valores centrais precisam

REVISITANDO A IDENTIDADE DA ORGANIZAÇÃO

responder algumas perguntas:

- Que valores pessoais você traz para o seu trabalho? (esses devem ser tão fundamentais a ponto de serem seguidos independente de recompensas);

- Quais são os valores centrais que guiam você em seu trabalho e que você gostaria que guiassem seus filhos quando eles se tornarem adultos?;

- Se você acordasse amanhã de manhã com dinheiro suficiente para se aposentar, você continuaria a viver segundo esses valores?;

- Você consegue enxergá-los sendo tão válidos para você daqui cem anos quanto são agora?;

- Você gostaria de seguir esses valores centrais mesmo se um ou mais deles virassem uma desvantagem competitiva?

## A declaração da visão

A declaração da visão responde à seguinte questão: "Onde queremos chegar?" A visão é uma imagem mental poderosa do que queremos criar num futuro imaginado. Para que possa ser praticável, a visão deve se referir à missão, uma vez que queremos chegar lá, porém deve ser coerente com a nossa razão de ser. A visão é uma imagem de como é visto o desenvolvimento da missão e, à medida que a missão for sendo cumprida, esta imagem vai se tornando realidade.

A visão é formada por duas partes: um objetivo audacioso a se alcançar nos próximos anos e descrições vívidas de como será alcançar esse objetivo.

---

Futuro imaginado ▸ um audacioso objetivo a se alcançar nos próximos anos + descrições vívidas de como isso ocorrerá.

---

Um objetivo audacioso é claro e convincente, serve como ponto de convergência de esforços e age como um catalisador para o espírito dos colaboradores. Ele traça uma linha de chegada para a organização, tornando evidente o momento em que um objetivo é atingido (as pessoas gostam de caminhar em direção a linhas de chegada).

As descrições vívidas são descrições vibrantes, atraentes e específicas de como será alcançar o objetivo audacioso. Pense nisso como traduzir a declaração de visão de palavras para gravuras, criando uma imagem que as pessoas possam manter em suas mentes. É importante lembrar que paixão, emoção e convicção são partes essenciais de uma descrição vívida. Alguns administradores se sentem desconfortáveis ao expressar emoção sobre seus sonhos, mas isso é o que motiva as pessoas.

Uma boa visão expressa com facilidade onde queremos chegar e, apesar de desafiante, é percebida como factível. Existem várias vantagens em desenvolver uma boa declaração de visão:

- Ajuda a manter a direção objetivada;
- Ajuda a nos guiar quando outros indicadores de direção não estão funcionando;
- Nos mostra os problemas que nossa organização precisa resolver para tornar o mundo um lugar melhor para se viver.

Vamos retomar o exemplo do Sítio do Cedro. A sua visão é: "Ser referência a nível nacional como fazenda modelo de sustentabilidade."

## O que é uma boa declaração de visão?

Uma boa declaração de visão deve ser:
- Curta, de forma a facilitar sua transmissão e memorização na organização (entendimento);
- Simples, escrita em uma linguagem acessível;
- Operativa, dando uma clara direção para onde a organização deve ir;
- Inspiradora.

Uma declaração de visão deverá dizer ao mundo que mudanças a organização quer provocar na comunidade onde está inserida. Ela também deverá responder à questão: "Por que nós estamos fazendo isso que estamos fazendo?" A organização está fazendo isso porque quer criar uma comunidade melhor do que a que existe hoje. Está fazendo isso porque a vida das pessoas será melhor. A declaração da visão irá criar esse contexto. Vai contar onde a organização pretende chegar e ajudá-la a criar um futuro melhor.

Resumindo:

O mundo está mudando e, para manter uma organização operando nos próximos anos devemos olhar para frente, entender as tendências e forças que irão moldar os negócios no futuro e movimentar a organização rapidamente, preparando-a para o que vier. Devemos estar preparados para o futuro agora! Isso é o que trata uma boa declaração de visão: criar um destino de longo prazo para os negócios e fornecer um mapa da estrada para a vitória, sempre em conjunto com os parceiros.

## Como criar uma declaração de visão?

Primeiro passo: Descubra o real valor humano estabelecido na declaração de missão. Por exemplo: "Como essa organização melhora a vida das pessoas? Como ela vai tornar o mundo um lugar melhor para se viver?"

Segundo passo: Identifique o que você, seus clientes, seus colaboradores e demais envolvidos mais valorizam na forma como a sua organização alcançará essa missão. Alguns valores incluem integridade, trabalho em equipe, honestidade, liberdade, esforço etc.

Uma declaração de visão tem as seguintes características:

- Apresenta uma visão da organização para daqui a cinco anos ou mais;
- É clara e visível;
- É audaciosa e foca no sucesso;
- É descritiva, como uma pintura mental;
- Inspira e motiva.

Na declaração da visão a organização deve estabelecer não só a audácia do objetivo, mas também o nível de compromisso com ele. Consideremos a declaração da missão e a visão do Sítio do Cedro. Missão: "Contribuir com a saúde, nutrição e bem-estar da sociedade, produzindo leite de qualidade através de um rebanho sadio e com profundo respeito às pessoas e ao meio ambiente." A visão do Sítio do Cedro até 2018 (seu objetivo) é: "Ser referência a nível nacional como fazenda modelo de sustentabilidade". Ao ler as declarações, podemos perceber que o cumprimento da missão irá conduzir ao alcance da visão.

Fica claro no exemplo acima que, à medida que o Sítio do Cedro, em suas ações cotidianas, estiver contribuindo com a saúde, nutrição e bem-estar da sociedade, produzindo leite de qualidade obtido de um rebanho sadio e com profundo respeito às pessoas e ao meio ambiente, ele estará também caminhando para, até 2018, alcançar sua visão de ser referência a nível nacional como fazenda modelo de sustentabilidade.

Alguns princípios e posturas são muito valorizados na construção da visão:

- Liderança: a coragem para moldar um futuro melhor;

- Colaboração: a alavancagem de uma genialidade coletiva;

- Integridade: ser real;

- Prestação de contas (compromisso): se é para ser feito, está acima de mim;

- Paixão: comprometimento com o coração e com a mente;

- Foco no mercado: focar nas necessidades dos clientes; estar dentro do mercado observando, ouvindo e aprendendo; possuir uma visão de mundo; focar cotidianamente na execução dentro do mercado; ser curioso;

- Trabalhar de forma ágil: atuar com urgência; permanecer responsável pela mudança; ter coragem de mudar o curso quando necessário; permanecer descontente de forma construtiva; trabalhar eficientemente;

- Agir como dono: prestar contas sobre suas ações e inações; premiar as pessoas por assumir riscos e buscar os melhores caminhos para resolver os problemas; aprender com os resultados – o que funcionou e o que não funcionou.

## Finalizando

O mapa começa com a missão. Ela declara o propósito da empresa e serve para influenciar e para orientar as ações e decisões da organização. Os valores, por sua vez, definem as atitudes e comportamentos que serão compartilhados por todos os colaboradores de forma que a visão se torne realidade.

É essencial ter em mente que uma organização vive os seus valores, porque os mesmos servem como forte orientação para as ações do dia a dia.

## Nesse capítulo abordamos as seguintes questões:

1. O que é a identidade da organização?
2. Qual é a importância de uma identidade clara para as organizações?
3. O que caracteriza uma boa declaração de missão?
4. Como criar uma boa declaração de missão?
5. O que é uma boa declaração de valores?
6. Como criar uma boa declaração de valores?
7. O que é uma boa declaração de visão?
8. Como criar uma boa declaração de visão?

## Obras para consulta

COLLINS, Jim; PORRAS, Jerry. *Built to last: successful habits of visionary companies*. New York: Collins Business, 2002.

CRANO, William D.; PRISLIN, Radmila (ed.). *Attitudes and attitude change*. New York: Psychology Press, 2011.

HARVARD BUSINESS REVIEW PRESS. *HBR'S 10 must reads on managing yourself*. Boston, 2011.

KANTER, Rosabeth Moss. *Confidence*. [s.l.]: Three Rivers Press, 2006.

QUIGLEY, Joseph V. *Visão*: como os líderes a desenvolvem, compartilham e mantêm. São Paulo: Makron Books, 1999.

SCOTT, Cynthia D.; JAFFE, Dennis T.; TOBE, Glenn R. *Visão, valores e missão organizacional*. [s.l.]: Qualitymark, 1998.

SHEIN, Edgard H. *Organizational culture and leadership*. 4th ed. San Francisco: Jossey-Bass, 2010.

## Capítulo 10
# Reflexões sobre estratégia

*A tática arruína a estratégia; a batalha que se ganhará*
*harmoniosamente no papel perde-se em pequenas coisas no terreno.*
*– Paul Valéry*

# Propósitos

- Explicar o que é estratégia e a sua importância
- Explicar as questões que a estratégia deve responder
- Explicar o processo de criação e implementação da estratégia

# Resultado Esperado

- Conscientização de todos os colaboradores do que é estratégia, sua importância e ilustração de seu processo de criação e implementação.

# Contexto

No cenário atual de competição intensa, impulsionada pelas tecnologias de tempo real, é importante que as organizações desenvolvam a capacidade de se adaptar ao ambiente, que está em contínua evolução. Para isso, é imprescindível a criação e implementação de uma estratégia vencedora.

Estratégia é um termo amplamente usado, porém seu real significado, de que trataremos a seguir, é muito pouco entendido. Ainda, quando se trata de sua implementação, encontramos uma lacuna entre o que foi planejado e o que é realmente executado.

# Conteúdo do capítulo

- O que é estratégia?
- Quais questões a estratégia deve responder?
- Por que formular e implantar uma estratégia?
- Por que nós devemos dedicar tempo à formulação da estratégia?
- Como é o processo de criação e implementação da estratégia?

# O que é estratégia?

É um termo militar usado para descrever a arte do general (do grego *strategos*). Refere-se ao plano do general para dispor e manobrar suas forças com o objetivo de derrotar o exército inimigo.

Os executivos, fazendo analogias com termos militares adotaram "estratégia", pensando nela como a obtenção de um plano para controlar e utilizar os recursos das organizações (humanos, físicos e financeiros), objetivando promover e garantir seus interesses vitais.

Em 1971, Kenneth Andrews definiu estratégia a partir daquilo que uma empresa pode fazer, isso é, seus pontos fortes e fracos, e das possibilidades que se abrem para ela, ou seja, o ambiente externo de oportunidades e ameaças. Um pouco depois, Michael Porter, professor de Harvard, aprimorou essa definição, descrevendo a estratégia como uma fórmula ampla para o modo como uma empresa vai competir.

Bruce Henderson, por sua vez, relacionou a noção de estratégia com vantagem competitiva. Uma vantagem competitiva é uma função da estratégia que coloca uma empresa em posição melhor do que a das rivais na criação de valor econômico para os clientes. Henderson escreveu que "estratégia é uma busca deliberada de um plano de ação que vá desenvolver e construir uma vantagem competitiva para a empresa". A vantagem competitiva, prossegue ele, é encontrada nas diferenças. "As diferenças entre você e os seus concorrentes são a base de uma vantagem". Henderson acredita que dois concorrentes não podem coexistir se ambos procuram fazer negócios da mesma maneira. Eles devem diferenciar-se para sobreviver. "Cada um deles deve ser diferente o bastante para ter uma vantagem única". Michael Porter concorda com a ideia de Henderson de ser diferente e, de acordo com ele, estratégia competitiva é ter um diferencial. "Significa escolher deliberadamente um conjunto diferente de atividades para fornecer um *mix* único de valor". No entanto, ser somente "diferente" não confere vantagem competitiva por si só, nem garante sucesso nos negócios.

Então, o que é estratégia? A estratégia é um plano que objetiva dar à empresa uma vantagem competitiva sobre os rivais por meio da diferenciação.

Michael Porter define estratégia em termos bem simples: "O que tornará uma empresa diferente e lhe dará uma vantagem competitiva". Porter argumenta que a competição é destrutiva e que quando as empresas competem pela mesma coisa elas são forçadas a modificar seus preços, fazendo com que a disputa gravite em torno do preço. Para evitar tal situação, as empresas devem atuar de forma diferente umas das outras.

Estratégia é buscar outra forma de competir para criar um tipo diferente de valor para o cliente, o que permitirá que empresas prosperem e obtenham maior lucratividade. O autor também define o que não é estratégia. Simplesmente implementar práticas melhores, comprar máquinas novas, usar a internet para se comunicar com seus clientes, dentre outras, são coisas que os gerentes devem fazer para que a organização continue produtiva e eficiente. Apesar de serem todas necessárias, essas ações não são estratégias.

Estratégia não é só fazer a mesma coisa melhor. Estratégia é encontrar uma forma diferente de fazer a mesma coisa para que a empresa ofereça valor ao cliente. O que torna isso um desafio é fazer duas coisas ao mesmo tempo: temos que continuar assimilando as melhores práticas, e, ao mesmo tempo, buscar o que nos tornará diferente (melhorias operacionais e estratégia).

Uma boa estratégia, combinada com uma implementação bem-sucedida, é a melhor garantia de sucesso para toda empresa. A criação da estratégia refere-se a *fazer as coisas certas*, que deve ser uma preocupação dos executivos das organizações. No que diz respeito à implementação das estratégias, é necessário *fazer certo as coisas*.

Estratégia é um termo usado de forma indiscriminada e, como resultado, perdeu a precisão de seu significado. Ao visitarmos as empresas, ouvimos referências sobre as estratégias de *marketing*, estratégias de RH, estratégias para retenção dos clientes, estratégias para internet, estratégias para gerenciamento de custos etc.

A estratégia tem sido comumente adotada para descrever:

- Alguma coisa prioritária;
- Alguma coisa grande;
- Alguma coisa a ser feita a longo prazo.

Entretanto, uma decisão *não* é estratégica em virtude do seu tamanho, peso ou tempo. Ela é estratégica por causa de seu *foco único*!

REFLEXÕES SOBRE ESTRATÉGIA

Estratégia é a estrutura de escolhas que determinam a natureza e direção de uma organização.

Como vimos no capítulo 8, as organizações respondem aos seus impulsionadores através de dois domínios principais: planejamento e operações. As operações são um composto de processos, pessoas e tecnologia suportados por uma infraestrutura. Elas são dinâmicas e mudam em resposta aos impulsionadores da organização. O planejamento, por sua vez, é composto pela missão, visão, valores e estratégias, que são estáveis em certo período de tempo. Uma de suas peças fundamentais é a estratégia, pois ela diz respeito à forma como aplicaremos nossos recursos para a realização dos objetivos.

## Quais questões a estratégia deve responder?

Independente do tamanho e formato do documento que irá apresentá-la, a estratégia deverá responder às questões a seguir:

- Qual é a nossa missão?
- Que crenças e valores devemos adotar?
- Qual é o nosso horizonte estratégico?
- Que produtos e/ou serviços nós queremos ou não oferecer?
- Que grupos de clientes ou áreas geográficas nós queremos ou não atender?
- O que alimentará nosso crescimento?
- Que produtos e/ou serviços e mercados representam nosso maior potencial e requerem nossos investimentos mais significantes?
- Qual é a nossa vantagem competitiva, a que produzirá nosso sucesso?
- Que infraestrutura e habilidades são necessárias para dar apoio à nossa vantagem competitiva?
- Quais são os resultados financeiros e não financeiros que pretendemos alcançar?

## Por que formular e implantar uma estratégia?

Caso tenhamos que responder a esta pergunta com uma só palavra, a palavra seria foco! Se uma organização não tivesse limitação de recursos, não seria necessário ter uma estratégia.

Adicionalmente, a estratégia guia as decisões do dia a dia, canalizando a alocação dos recursos, e

- estabelece uma identidade para a organização, que é importante para o mercado, para os empregados atuais e futuros e para a comunidade que investe nos negócios;
- cria uma espinha dorsal para a cultura;
- define os objetivos mais importantes, dos quais os demais deverão derivar.

Finalmente, como a estratégia guia, canaliza, estabelece, cria e define, ela merece que dediquemos tempo para debatê-la, documentá-la e implantá-la!

## Por que nós devemos dedicar tempo à formulação da estratégia?

Conforme vimos acima, a estratégia conecta o planejamento e as operações, fornecendo contexto para as decisões operacionais. Uma boa estratégia é aquela que fornece respostas convincentes para as questões anteriores e estabelece os limites e guias para as decisões relativas a:

- A estrutura da organização;
- Que competências deveremos construir nos diversos processos dos negócios;
- A quantidade de pessoas a serem recrutadas e o perfil delas;
- O conteúdo das campanhas de *marketing*;
- A prioridade dos projetos de produtos individuais;

- A validade de buscar alianças;
- Qual desempenho deve ser premiado.

Vale ressaltar que a estratégia não contém estas decisões; ela fornece as bases para essas tomadas de decisão.

## Como é o processo de criação e implementação da estratégia?

O processo de criação e a implementação da estratégia segue o seguinte fluxo:

*1. Obtenção e análise das informações sobre os ambientes externo e interno da organização.* Procure responder às questões formuladas em "Gestão do conhecimento" (capítulo 8). O produto dessa fase é um conjunto de considerações sobre o futuro e um perfil das configurações em que as decisões estratégicas serão implementadas.

*2. Formulação da estratégia.* Nessa etapa os executivos definem um prazo (um horizonte), isso é, quão distante olhar, revisitam a missão e valores (vide capítulo 9) e fazem as escolhas estratégicas. Dentre essas escolhas estão os produtos e serviços que serão oferecidos e os que não serão, os mercados em que a empresa irá ou não atuar, a quais produtos ou serviços e mercados será dada mais ênfase, quais são as vantagens competitivas (as condições internas e externas que permitirão que os clientes optem pelos produtos ou serviços da empresa ou, ainda, que imponham barreiras que impeçam os concorrentes de acessar os clientes da empresa), capacidades, objetivos e questões críticas.

*3. Elaboração de um plano para implementação da estratégia.* Aqui os executivos identificam os programas, projetos e iniciativas que irão implementar a estratégia. Muito importante será a elaboração de um plano detalhado de comunicação para que toda a estrutura fique familiarizada com a estratégia. Cada colaborador deve saber onde e como está contribuindo para o sucesso da estratégia. Também é necessário definir quais serão os rituais para acompanhamento dos referidos programas, projetos e iniciativas.

**4. Implementação da estratégia.** De posse do plano, cada nível da organização irá trabalhar para cumprir o que foi programado, realizando no dia a dia os ajustes necessários. Essa é a fase onde se coloca a mão na massa, e a ela devemos dedicar tempo e dinheiro. De nada vale elaborar um bom plano estratégico se o mesmo não for executado. Aquilo que é planejado na estratégia é aquilo que deve ser realizado. O segredo do bom resultado está no bom planejamento e na boa execução. Essa fase é a que compromete muitas estratégias brilhantes. Aqui, um envolvimento amplo na busca de comprometimento é fundamental.

No SuperFoco gerenciamos os processos definindo quais são os mais eficientes, os que geram mais valor, os que têm menos gargalos, fazendo a gestão das pessoas para que elas entreguem o que foi prometido. Sabemos que um bom líder é aquele que bate metas através da equipe com consistência e com qualidade. O verdadeiro líder não é aquele que faz o resultado, mas sim aquele que faz com que a equipe alcance esse resultado. Ele trabalha e consegue resultados através das pessoas. Nessa etapa, devemos dedicar todo o empenho para entregar o que foi prometido. Se você promete e não entrega, ou você prometeu algo acima de suas possibilidades ou não teve disciplina para cumprir o prometido.

Três pontos são importantes: foco, disciplina e organização. Onde:

- Ter foco é ater-se às prioridades para entregar o que foi prometido. O foco é a capacidade de dizer não. É preciso decidir o que será feito hoje e o que será feito amanhã, de forma a alcançar o objetivo traçado. A estratégia é o como, é o caminho.

- Ter disciplina é cumprir com a palavra, entregar aquilo cuja entrega foi combinada;

- Ter organização é alinhar sistemas, processos, políticas, indicadores, tecnologias e pessoas, identificando os problemas do próprio alinhamento. Em suma, se preparar para a batalha equipando a equipe com as ferramentas, os talentos e a tecnologia necessários.

# REFLEXÕES SOBRE ESTRATÉGIA

**5. *Monitoramento e atualização das ações.*** Trata do monitoramento contínuo, procurando respostas de forma sistemática para três perguntas-chave:

-*Viabilidade.* Está funcionando?

-*Fundamentos.* As premissas ainda são válidas?

-*Implementação.* Ela está sendo realizada?

Os executivos devem de forma sistemática e focada realizar revisões da estratégia sempre que for necessário. O papel da liderança é fundamental, pois dela emanam os objetivos e as medições que fazem parte da estratégia propriamente dita e de sua implementação. Serão decorrentes da liderança e da estratégia os processos, a cultura, as competências dos colaboradores, a gestão do conhecimento, a estrutura da organização e as soluções que a organização dá para o equacionamento de seus problemas.

## Neste capítulo abordamos as seguintes questões:

1. O que é estratégia?

2. Que questões deve a estratégia responder?

3. Por que formular e implantar uma estratégia?

4. Por que nós devemos dedicar tempo à formulação da estratégia?

5. Como é o processo de criação e implementação da estratégia?

## Obras para consulta

GHEMAWAT, Pankal. *A estratégia e o cenário dos negócios*. Porto Alegre: Bookman, 2000.

GREENE, Robert. *33 estratégias de guerra*. Rio de Janeiro: Rocco, 2014.

HERRERO FILHO, Emilio. *Balanced scorecard e a gestão estratégica*. Rio de Janeiro: Campus,

KANTER, Rosabeth Moss. *Quando os gigantes aprendem a dançar*: dominando os desafios de estratégias, gestão e carreiras nos anos 90. Rio de Janeiro: Campus, 1996.

LUECKE, Richard. *Estratégia*. Rio de Janeiro: Record, 2009.

PORTER, Michael. *Competição*: estratégias competitivas essenciais. Rio de Janeiro: Elsevier, 1999.

_____. *Estratégia competitiva*. Rio de Janeiro: Elsevier, 2004.

_____. *Vantagem competitiva*: criando e sustentando um desempenho superior. Rio de Janeiro: Elsevier, 1989.

## Capítulo 11

# Fatores críticos de sucesso e tarefas críticas

*Falta de direção, não de tempo, é o problema.
Nós todos temos vinte quatro horas por dia.*

*– Zig Ziglar*

# Propósitos

- Apresentar o porquê, o como e o que são Fatores Críticos de Sucesso (FCS) e Tarefas Críticas (TC).
- Detalhar o passo a passo para determinar os FCS e as TC.
- Distinguir os FCS dos Indicadores de Desempenho (KPI).
- Conscientizar sobre a importância das TC como catalizadoras do processo de mudança cultural.

# Resultados Esperados

- Conscientização dos colaboradores da importância de alocar os recursos, de forma prioritária, nos poucos pontos estratégicos (FCS) e nos poucos pontos operacionais (TC).
- Disseminação por meio do foco nas tarefas críticas (TC) de uma cultura que privilegia a melhoria contínua, o valor a ser entregue ao cliente e um verdadeiro senso de urgência.

# Contexto

Algumas organizações fazem mais do que precisa ser feito e, no entanto, deixam de fazer coisas essenciais para sua sobrevivência. Na medida em que elas foquem atenção nos FCS e nas TC evitarão cometer o erro clássico de tratar coisas diferentes de forma igual.

São raras as organizações que não incorporam os FCS no seu plano estratégico, porém muito poucas gozam de todo o potencial dos FCS como orientador das inciativas e dos processos.

Temos observado que as organizações dirigidas por *Valores* são as organizações de maior sucesso. Assim sendo, criar uma cultura corporativa de sucesso tornou-se atualmente a mais importante fonte de vantagem competitiva e diferenciação da marca nos negócios. A "micro empresa" Tarefa Crítica tem o papel de operar como se fosse uma franqueadora de um processo que promova essa cultura corporativa de sucesso.

# Conteúdo do capítulo

- Geral
- O que são fatores críticos de sucesso – FCS?
    - Quais são os benefícios de compreender os FCS das organizações?
- Passo a passo para determinar os FCS das organizações
- O que é um indicador-chave de desempenho –KPI? Em que ele difere do FCS?
- Tarefas Críticas
    - Quais são os benefícios de concentrar esforços nas tarefas críticas?
    - Definindo tarefa crítica
    - A micro-organização tarefa crítica
    - Passo a passo para determinar as tarefas críticas das organizações
    - Acompanhamento das tarefas críticas

## Geral

No capítulo 9, vimos que quando a identidade da organização é bem definida e comunicada as pessoas trabalham cheias de propósito e convicção, com valores compartilhados e se comprometendo fortemente com a missão da organização. Isso porque elas passam a compreender as coisas boas que a organização faz pelo mundo e gostam de fazer o que fazem. Elas vão felizes para o trabalho e se empenham de coração no seu dia a dia. É importante que toda essa motivação seja muito bem canalizada, evitando aquele que talvez seja o maior erro de um gestor: tratar coisas diferentes de forma igual. As organizações não têm recursos infinitos e, por isso, os recursos finitos devem priorizar poucos pontos-chave da mesma. Devemos identificar os pontos que realmente conduzem a organização ao sucesso e focar neles, já que no dia a dia existem muitas coisas que competem pela nossa atenção. Além do mais, é muito difícil ter todos na organização caminhando na mesma direção, focados no que interessa.

Esses pontos-chave, que devem receber constante e cuidadosa atenção, serão aqui definidos como FCS e tarefas críticas. Os primeiros nos levam a aplicar os recursos em poucos fatores estratégicos (farol alto), enquanto as tarefas críticas guiam nossa atenção para poucos pontos operacionais (farol baixo).

No decorrer desse capítulo veremos os fantásticos benefícios dessa prática.

## O que são fatores críticos de sucesso – FCS?

O conceito de FCS foi apresentado pela primeira vez por D. Ronald Daniel na década de 1960 e popularizado uma década mais tarde por John F. Rockart, da Sloan School of Management do MIT (Massachusetts Institute of Technology). Desde então, os FCS têm sido amplamente utilizados para ajudar as empresas a implementar suas estratégias e projetos. O conceito de FCS tem evoluído e tem sido implementado com variações, ou de formas variadas .

> Rockart define os FCS como "o número limitado de áreas
> em que os resultados, se eles forem satisfatórios,
> irão assegurar um desempenho competitivo
> de sucesso para a organização".

Eles são as poucas áreas-chave onde as coisas devem acontecer de forma correta para o negócio florescer. Se os resultados nestas áreas não forem adequados, os esforços da organização serão menores do que o desejado. Ele também concluiu que FCS são "áreas de atividade que devem receber atenção constante e cuidado da administração".

> Os FCS são fortemente relacionados com a missão e
> os objetivos estratégicos da organização ou projeto.
> Enquanto a missão e os objetivos se concentram naquilo
> que deve ser alcançado, os FCS se concentram nas áreas
> que irão suportar o que deve ser atingido, bem como no
> que deve ser feito para atingi-lo. Os FCS desenham as
> estratégias e nos indicam como alcançar o sucesso, por
> isso devemos dedicar a eles o tempo que for necessário.

Algumas características devem ser ressaltadas sobre os FCS:

- Devem ser descritos de uma maneira clara e acessível;
- Aplicam-se a mais de uma das perspectivas-chave da organização (resultados financeiros, foco nos clientes, aprendizado e crescimento, processos internos, satisfação dos colaboradores, comunidade e meio ambiente);
- Têm uma grande influência sobre os outros fatores de sucesso;
- Normalmente focam em uma determinada área.

São os FCS e os seus associados, KPIs, que alinham as atividades do dia a dia com as estratégias da organização.

Aqui se encontra o paraíso do gestor! Conhecer os verdadeiros FCS e os KPIs é vital para a sobrevivência da organização e, sem eles, dificilmente poderemos conseguir uma gestão do desempenho.

FATORES CRÍTICOS DE SUCESSO E TAREFAS CRÍTICAS

Eles simplificam as medidas do desempenho, o monitoramento e os relatórios de acompanhamento. Além disso, a organização passa a monitorar seu progresso de forma coerente com a estratégia traçada anteriormente.

## Quais são os benefícios de compreender os FCS das organizações?

Como enfatizado por David Parmenter, "conhecer, comunicar e medir o progresso dos FCS de uma organização é o Santo Graal da gestão".

Os FCS trazem vários benefícios:

- Orientam a definição de desenvolvimento dos KPIs, que conduzirão a organização ao sucesso;
- Indicam quais medições serão eliminadas (medições daquilo que não esteja relacionado aos FCS), simplificando significantemente o acompanhamento e controle das tarefas;
- Orientam os colaboradores quanto ao que é prioritário e conectam as ações do dia a dia à estratégia;
- Oferecem relatórios claros e sumários relacionados ao progresso dos próprios FCS para os principais executivos da organização;
- Permitem uma redução dos relatórios de acompanhamento, mantendo aqueles que são realmente importantes.

## Passo a passo para determinar os FCS das organizações

Para levantar os FCS, devemos identificar primeiro os fatores de sucesso (FS), fatores responsáveis pela saúde da organização. Os FS podem chegar a mais de vinte. Para tanto, é preciso listar os objetivos estratégicos em uma coluna e, em outra, apontar os fatores que suportarão o alcance dos referidos objetivos. A seguir, devemos eleger de cinco a oito FS, que serão os FCS da organização. É necessário hierarquizá-los por sua importância, sendo o mais importante aquele que tem grande influência sobre os outros FS, bem como impacto em mais de uma das áreas a seguir:

- Resultados financeiros;
- Foco no cliente;
- Processos internos;
- Satisfação dos colaboradores;
- Aprendizado e crescimento;
- Comunidade e meio ambiente.

O processo deve ter a participação de colaboradores de todos os escalões e cada um dos FCS escolhidos deve receber uma descrição simples o suficiente a ponto de ser compreendida por um garoto de 12 anos. Finalmente, deve ser elaborado um plano efetivo de comunicação. Todos devem saber quais são os FCS da organização, assim como quais são os KPIs que avaliarão se a organização esta evoluindo no que diz respeito aos seus FCS. A seguir iremos descrever uma história que explica a importância dos FCS para o surgimento dos KPIs. (PARMENTER, 2010).

Exemplo: FCS de uma empresa de transporte aéreo.

O executivo sênior da British Airways (BA), que assumiu a empresa em torno de 1980, contratou consultores para investigar e sugerir os pontos-chave em que ele deveria concentrar seus esforços para sair das dificuldades pelas quais a empresa então estava passando. Os consultores disseram que ele deveria focar em um fator crítico de sucesso: no cumprimento dos horários de chegada e saídas dos voos. É evidente que o cumprimento dos horários dos voos é muito importante, entretanto, esse fator não foi separado dos outros fatores que também são críticos para o sucesso do negócio e, dessa forma, os colaboradores tinham que fazer malabarismos para atender muitas coisas. Os consultores foram hábeis em demonstrar que o cumprimento dos horários de chegada e saída dos voos impacta várias perspectivas de uma empresa aérea, como resultados financeiros, satisfação dos clientes, satisfação dos colaboradores, meio ambiente etc. Uma vez que os consultores provaram que o cumprimento dos horários de chegada e saída dos voos era o fator mais importante, eles começaram a investigar qual medida merecia foco; quais eram os voos dentro do horário e quais eram os voos atrasados. Essa análise deveria ser facilmente realizada e os voos com atraso superior a certo tempo deveriam aparecer em uma tela. De posse dessa informação os colaboradores deveriam, com prioridade, atuar para minimizar os efeitos dos atrasos e atuar nas causas. Essa medida promoveu uma forte mudança na empresa e a ela foi creditada o sucesso da virada!

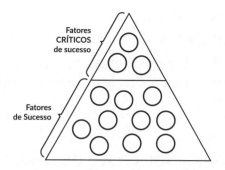

Fig. 21 - A hierarquia dos fatores de sucesso

| Código do voo | Atraso de chegada | Atraso de partida | Tempo adicional | Nome do Gerente Regional | Últimos 30 dias | Média dos últimos 3 meses | Média dos últimos 6 meses |
|---|---|---|---|---|---|---|---|
| | | | VOOS COM ATRASO SUPERIOR A 2 HORAS Tempo: Estatística da última parada | | | | |
| | | | | | Voos atrasados em mais de uma hora | | |
| BA 1243 | 1:40 | 2:33 | 0:53 | John Cruise | 4 | 3 | 4 |
| | | | | | | | |

Fig. 22 - Painel com as informações sobre os voos em atraso

A seguir um roteiro para definir os FCS:

1. Revisite a missão e os objetivos estratégicos;

2. Para cada objetivo estratégico, pergunte a si mesmo: "Qual área do negócio ou que condições são essenciais para que eu possa atingir esse objetivo?" As respostas a essas questões são os candidatos aos FCS;

3. Avalie a lista de candidatos, selecione de cinco a oito fatores e os considere como FCS. Para facilitar a escolha, reflita sobre o grau de impacto que cada fator tem sobre:

- Resultados financeiros;
- Foco no cliente;
- Processos internos;
- Satisfação dos colaboradores;
- Aprendizado e crescimento;
- Comunidade e meio ambiente;
- Grau de influência nos outros FS.

Procure envolver as pessoas-chave da organização (de diversos níveis) nessa seleção e busque descrever os FCS em uma linguagem bem clara e acessível.

## O que é um indicador-chave de desempenho – KPI? Em que ele difere do FCS?

Parmenter define os KPIs como um conjunto de medidas que focam nos aspectos mais importantes para alcançar o desempenho desejado para a organização, tanto no presente quanto no futuro.

---

Um KPI é um instrumento que qualifica e quantifica de forma clara os objetivos da organização de acordo com as suas prioridades. Os indicadores são maneiras de julgar ou acessar o desempenho estratégico ou de medir o sucesso de uma organização, mas eles não mostram como melhorar e não fornecem os meios para alcançar o sucesso. Eles são, como o nome diz, indicadores. Um KPI é usado para medir o desempenho, enquanto os FCS nos ajudam a encontrar as áreas que devem ser melhoradas para que o sucesso seja assegurado.

---

Os FCS são vitais para que a estratégia tenha sucesso. Eles podem

# FATORES CRÍTICOS DE SUCESSO E TAREFAS CRÍTICAS

impulsioná-la ou prejudicá-la, pois são críticos. Os bons estrategistas se perguntam: "Por que nossos clientes nos escolheriam?" A resposta é tipicamente um FCS. Uma vez que os FCS tenham sido bem definidos, será muito mais fácil definir os KPIs, pois eles emergem dos FCS.

---

Enquanto o FCS é a causa do sucesso da organização, os KPIs são os efeitos das ações realizadas para obter o referido FCS, o que significa que eles indicam algo sobre aquilo que você está fazendo, não sobre o que deveria ser feito. Por isso, o FCS deve responder à questão: "O que deve ser feito a fim de obter sucesso?", ao passo que o KPI deve responder à questão: "Estamos sendo bem-sucedidos?"

---

Os KPIs são normalmente quantitativos, isto é, eles se apresentam em forma de porcentagem ou em relações, enquanto os FCS são de natureza qualitativa, podendo ser analisados e discutidos.

Os KPIs não são autônomos, eles requerem comparação com outros dados para que seja possível analisar o desempenho da organização. Por outro lado, os FCS claramente indicam o que deve ser feito de forma a obter sucesso, ou quais aspectos deverão ser considerados pela organização. Os FCS abrigam um ou mais KPIs. O FCS e o KPI são interdependentes e, portanto, não podemos imaginar uma linha divisória entre ambos.

Após definir a identidade da organização (missão, visão, valores, estratégia), o próximo passo é responder às questões: "Quais são os poucos fatores críticos para nosso sucesso? O que deve ser feito para alcançar nosso objetivo?" Uma vez definidos os FCS, passamos a medir o desempenho, que nos dirá, por meio da s KPIs, se estamos perto ou longe de atingir a meta estabelecida. Vale reforçar que os KPIs não melhoram o desempenho em si, eles simplesmente nos dizem se temos ou não que melhorar, e se o objetivo foi alcançado.

# Tarefas críticas

No capítulo 8 apresentamos a organização sob a perspectiva dos processos. Podemos admitir que, em geral, todo processo está inserido em um processo maior, da mesma forma que todo processo pode ter algum tipo de desdobramento. A consequência disso é que os processos não possuem fronteiras perfeitamente definidas, cabendo a quem está fazendo seu mapeamento determiná-la. Para delimitar os processos vamos adotar nesse livro as denominações seguintes, simplesmente por convenção:

Macroprocessos ▸ Processos ▸ Tarefas ▸ Atividades

Macroprocessos ▸ os processos mais abrangentes da organização;

Processos ▸ as subdivisões dos macroprocessos;

Tarefas ▸ as subdivisões dos processos;

Atividades ▸ trabalho realizado por um indivíduo ou por um pequeno grupo.

Essa delimitação é arbitrária e deve ser usada de acordo com o bom senso de cada um.

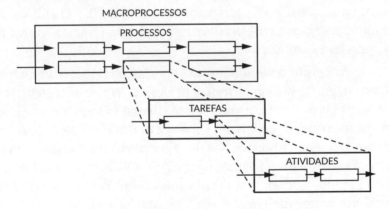

Fig. 23 - Hierarquia dos processos

Podemos definir processo como uma série de etapas que produzem alguma coisa de valor (produtos, serviços ou informação), para seus *stakeholders*, ou melhor, para todos os interessados. O processo é simplesmente como o trabalho é processado.

# FATORES CRÍTICOS DE SUCESSO E TAREFAS CRÍTICAS

Um ponto-chave na definição de processo é que não o explicamos por aquilo que as pessoas fazem e sim pela sequência de atividades executadas para gerar um resultado. Em outras palavras, todo processo consiste em uma série de etapas que, de alguma forma, transformam o produto na medida em que se desencadeiam. Outra característica comum é que cada uma das etapas e atividades é separada das outras por um determinado tempo de espera. A cadeia de ações envolve movimentação do resultado/produto de um local para outro, exigindo a transferência de responsabilidade de uma pessoa para outra ao longo de toda a sequência. Apesar disso, o foco não recai no que as pessoas fazem, mas sobre o que acontece ao material ou ao trabalho enquanto se executa o processo.

Na figura abaixo se observa que o processo é decomposto em tarefas.

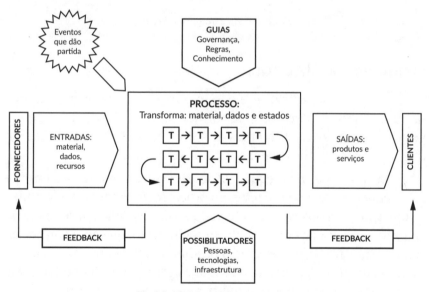

Fig. 24 - Visão geral de um processo

Como já dissemos, um processo é uma sequência de tarefas, que por sua vez pode ser decomposta em atividades, que são organizadas de uma forma tal que transformam entradas em saídas.

A figura a seguir apresenta a anatomia de uma tarefa. Quando acionadas por um determinado evento, elas transformam, por meio de uma sequência de atividades as entradas (material, dados, estados) em saídas (produtos, informações, serviços), de acordo com as orientações dos guias e suportadas pelos viabilizadores.

Fig. 25: - Visão geral de uma tarefa

# Definindo tarefa crítica

Em uma organização existem vários processos e inúmeras tarefas. Como já dissemos anteriormente, uma grande falha de um gestor é tratar coisas diferentes de forma igual. Resta-nos saber em que tarefas deveremos concentrar nossos esforços.

Já vimos que uma sequência de atividades compõe uma tarefa e uma sequência de tarefas define um processo. Imaginemos o seguinte: se um problema ou erro for detectado e/ou corrigido em seu próprio setor de origem, haverá um determinado custo, que aqui consideraremos como 10. Se, entretanto, o produto parcial com defeito seguir na linha de produção para aqueles que agregarão trabalho (custos e despesas) a ele, os danos se amplificarão geometricamente.

> Existem tarefas que provocarão uma grande desordem na organização se não forem muito bem executadas, e isso envolverá todos os níveis hierárquicos da empresa. Podemos chamar tais tarefas de tarefas críticas.

## A micro-organização tarefa crítica

O menor elemento de um ser vivo é a célula, que é o primeiro estágio de um processo vital organizado. Um agrupamento de células forma um órgão. As ligações entre órgãos estabelecem um conjunto de sistemas como o respiratório ou o circulatório, formando, por fim, um organismo complexo como o do ser humano.

Nesse organismo complexo, uma célula está sempre em relação de interdependência com outras células, porém respeitando suas especificidades. As células do fígado não desempenham o papel que cabe às células do coração. Porém, todas elas estão comprometidas com a manutenção da vida e a sobrevivência do ser vivo que as abriga. O DNA das células é o depositário da herança genética.

> No SuperFoco ocorre um processo análogo. O SuperFoco considera a tarefa crítica como o "menor elemento vivo" da organização (uma *micro-organização*). No seu núcleo está a identidade dessa *micro-organização*. Cada um dos colaboradores que participa dessa *micro-organização* não só sabe o que fazer e como fazer, mas sabe, sobretudo, porque fazer. Os colaboradores estão perfeitamente alinhados com a missão da organização e orgulhosos de contribuir com o cumprimento da mesma.

Essa *micro-organização* elabora produtos, serviços e informações que geram valor para seus clientes, impactando a organização como um todo. Por isso, devem ser destacados no balanço patrimonial, no demonstrativo de resultados e no fluxo de caixa. Esses resultados são acompanhados por três painéis de bordo que serão detalhados adiante no texto. Assim, todos os membros dessa *micro-organização* sabem responder às questões: "Qual é a missão da organização? Como nossa *micro-organização* (tarefa crítica) contribui para o cumprimento dessa missão? Quais são os valores da organização? Que comportamentos adotamos para garantir que esses valores sejam respeitados? Qual é a nossa contribuição para a estratégia da organização? Qual é o impacto para o cliente caso nosso produto, serviço e informação não atendam ao especificado? Quanto impactamos o balanço da organização, nos direitos (caixa, contas a receber, estoques, investimentos etc.), nos deveres (dívidas de curto e longo prazos), no demonstrativo dos resultados (na receita, nas despesas, nos custos) e no fluxo de caixa?"

Nessa *micro-organização* todos os colaboradores estão "na mesma página", focados nos propósitos da organização. Suas expectativas estão alinhadas com as de seus superiores. Eles estão preparados para o dia a dia com ferramentas, comportamentos e tecnologia adequados. Todos conhecem com detalhes as necessidades de seus clientes. Procuram focar nas soluções e não nos problemas, no futuro e não no passado, no fazer e não no criticar, pois buscam a melhoria contínua!

Como já dissemos, a tarefa crítica é considerada como uma *micro-organização*. E, assim sendo, tem seus fornecedores, seu processo, seus produtos ou serviços e seus clientes. Os resultados dessa "microempresa" devem ser acompanhados periodicamente, em ritual específico com a presença de todos os envolvidos, fornecedores, executantes da tarefa e os clientes, onde se avaliam os chamados 3 Cs: comprometimento, colaboração e comunicação empática, que medem a motivação da equipe. Uma equipe que está comprometida, colaborativa e comunicando-se empaticamente é uma equipe motivada!

## Quais são os benefícios de concentrar esforços nas tarefas críticas?

O grande benefício é que, quando definimos, comunicamos e medimos o progresso das tarefas críticas, nos asseguramos de que estamos aplicando o recurso certo no local certo da operação.

Outro grande benefício se dá pela propagação de uma nova cultura na organização: o cliente interno passa a ser efetivamente valorizado, um verdadeiro senso de urgência é adotado e a melhoria contínua é buscada por todos. Forma-se um contexto favorável à criação de conhecimento. Todos os envolvidos, fornecedores, executantes da tarefa, clientes, elementos-guias e viabilizadores passam a operar alinhados.

Assim que o processo da tarefa crítica fica sob o domínio de todos, como se fosse uma franquia, inicia-se um processo similar para lidar com uma segunda tarefa crítica. E uma "nova célula" passa a "adotar" esse DNA! A nova cultura se difunde, fortalecendo a organização com novos valores, linguagens e um espaço onde se produz conhecimento competitivamente vantajoso.

## Passo a passo para determinar as tarefas críticas das organizações

Dissemos anteriormente que uma tarefa é crítica quando sua não execução produz grande desordem na organização, ou mesmo a interrupção do funcionamento da organização. Com essa definição em mente, vamos percorrer o caminho para a determinação das tarefas críticas.

De forma similar como fizemos com os FCS, o processo deve ter a participação de colaboradores de todos os escalões, e cada uma das tarefas críticas escolhidas deve receber uma descrição que possa ser compreendida por um garoto de 12 anos.

Definidos os participantes, faça as seguintes perguntas a eles:

1. Quais são os nossos produtos e/ou serviços mais importantes? Liste todos que foram citados;

2. Solicite à equipe que hierarquize os produtos e/ou serviços de acordo com a importância percebida por cada um;

3. Selecione o mais votado;

4. Pergunte à equipe por que esse produto e/ou serviço é o mais importante. Avalie se de fato ele é um vetor para promover o cumprimento da missão da organização e os objetivos estratégicos;

5. Considerando que não existe nenhum produto ou serviço que não tenha por trás um processo, procure desenhar o processo desse produto e/ou serviço com a ajuda da equipe;

6. De forma similar ao passo 2, solicite à equipe que aponte qual etapa desse processo é a que requer mais atenção, já que, se não for realizada com qualidade, irá produzir uma grande desordem na organização. Essa etapa será chamada de tarefa crítica 1.

## Acompanhamento das tarefas críticas

Três painéis permitem acompanhar de forma visual o desempenho das tarefas críticas:

- Painel de bordo, que apresenta as saídas (produção, qualidade, custo e tempo) para execução e utilização dos recursos;
- Painel de sensorização, que opera como o *feed forward*, permitindo que as atividades mais críticas sejam monitoradas de forma preventiva;
- Painel de impacto, que mede o impacto dos resultados da tarefa crítica nos relatórios "Demonstrativo de resultados" e "Balanço", o que permite mostrar a contribuição de cada tarefa crítica para os resultados globais da empresa.

Durante os rituais que envolvem as tarefas críticas, a liderança, com sua presença, reforça de forma sistemática os valores, em particular os comportamentos emanados por eles. A liderança também estabelece relacionamentos de confiança, gerando lealdade e alinhando a equipe para o cumprimento da missão e o alcance da visão, além de inspirar e motivar a equipe. Assim, a liderança cria uma cultura "que sabe as reais necessidades do cliente", atendendo-o sem falhas, suportada por valores e senso de urgência.

### Neste capítulo abordamos as seguintes questões:

1. O que são fatores críticos de sucesso (FCS)?
2. Quais são os benefícios de compreender os FCS das organizações?
3. O que é um indicador-chave de desempenho (KPI)? Em que ele difere do FCS?
4. Qual é o passo a passo para determinar os FCS das organizações?
5. O que é uma tarefa crítica?
6. O que vem a ser a "micro-organização tarefa crítica"?
7. Quais são os benefícios de concentrar esforços nas

tarefas críticas?

8. Qual é o passo a passo para determinar as tarefas críticas das organizações?

9. Como o desempenho das tarefas críticas é acompanhado?

# Obras para consulta

MARR, Bernard. *Key performance indicators (KPI)*: The 75 measures every manager needs to know. [s.l.]: Pearson, 2012.

PARMENTER, David. *Key performance indicators*: developing, implementing, and using... Hoboken: J. Wiley, 2010.

SPITZER, Dean R. *Transforming performance measurement*: rethinking the way we measure... New York: AMACOM, 2007.

HARBOUR Jerry L. *The basics of performance measurement*. 2nd ed. Boca Raton: CRC Press, 2009.

KAYDOS, Will. *Operational performance measurement*: increasing total productivity. Boca Raton: St. Lucie Press, 1998.

# Anexos

# Anexo I:
# Passo a passo para implementação do Superfoco

| Or. | PASSO | DETALHAMENTO | PRODUTOS | CRITÉRIOS DE MEDIÇÃO | Cap. | INÍCIO | FIM | AVAL. |
|---|---|---|---|---|---|---|---|---|
| 1 | Apresentação do Superfoco | Apresentação para toda a liderança e assessores | Compreensão do Método pela liderança e assessores | Teste antes e após a apresentação | 3 | | | |
| | O porquê, o como e o que é o Superfoco | Elaboração do plano de comunicação para toda a organização | Agenda de comunicação para os diversos níveis da organização | Seleção aleatória de 5 colaboradores para breve entrevista sobre o nível de compreensão | 3 | | | |
| 2 | Definição de equipe | Definição da equipe que irá gerenciar a implementação do método | Equipe definida e orientada sobre os fatores críticos para uma implementação de qualidade | Teste sobre os aspectos críticos para uma implementação de qualidade | – | | | |
| 3 | Ritual nº 1 Identidade da organização | Apresentação do cap. 9 para a liderança, assessores e equipe SF Revisitar a identidade | Identidade redefinida | Teste antes e depois da apresentação do cap. 9 | 9 | | | |
| 4 | Ritual nº 2 FCS e TC | Apresentação do cap. 11 para a liderança e assessores. Definir os FCS e as TC | Definidos 5 FCS (inovação e medição de desempenho) e 5 TC hierarquizadas | Teste antes e depois da apresentação do cap. 11 | 11 | | | |
| 5 | Ritual nº 3 Micro-organização Tarefa Crítica 1 | Start up - implementação da micro-organização tarefa crítica 1 | Mapa da tarefa Cronograma para os próximos seis meses. Papel de cada um definido | Teste antes e depois da reunião inicial com a equipe | 11 | | | |
| 6 | Ritual nº 4 Sistema para medição do desempenho | Definição da equipe que conduzirá o processo Apresentação sobre sistema para medição do desempenho | Equipe definida e orientada sobre os FCS a serem implementados Papel de cada um definido | Teste antes e depois da reunião inicial com a equipe | 11 | | | |
| | | Start up - implementação do processo do FCS 1 | Cronograma para os primeiros seis meses | Acompanhamento do cronograma | | | | |

| Or. | PASSO | DETALHAMENTO | PRODUTOS | CRITÉRIOS DE MEDIÇÃO | Cap. | INÍCIO | FIM | AVAL. |
|---|---|---|---|---|---|---|---|---|
| 7 | **Ritual nº 5**<br><br>Processo Ritualizar | Apresentação do cap. 7 para toda equipe da TC1 (incluindo clientes e fornecedores) | Papel de cada um definido<br><br>3 Cs definidos | Teste antes e após a apresentação | 7 | | | |
| | | *Start up* - implementação do processo *ritualizar* | Calendário semestral de reuniões. | Cumprimento e avaliação das reuniões | | | | |
| 8 | **Ritual nº 6**<br><br>Processo Motivar | Apresentação do cap. 5 para liderança e assessores;<br><br>Elaboração de calendário de reuniões Presidente e subordinados diretos para desenvolver o processo de alinhamento de expectativas;<br><br>RH aplicar a lista de fatores motivacionais para toda equipe da TC1 | 5 pontos de alinhamento entre o Presidente e subordinados<br><br>Plano de ação para promover aumento na motivação<br><br>Lista de fatores motivacionais da equipe | Teste antes e depois da reunião inicial com a equipe, sobre o capitulo 5 | 5 | | | |
| | | *Start up* - implementação do processo *motivar* | Calendário de reuniões de alinhamento | Cumprimento e avaliação das reuniões | | | | |
| 9 | **Ritual nº 7**<br><br>Processo Presenciar | Apresentação do cap. 6 para liderança e assessores<br><br>Elaboração de calendário para os rituais de presença.<br><br>Elaboração de roteiro para a liderança sobre o observar, perguntar, ouvir e comunicar empaticamente.<br><br>Definição clara das perguntas e respostas-chave | Roteiro elaborado<br><br>Perguntas e respostas-chave | Teste antes e depois da reunião inicial com a equipe, sobre o capitulo 6 | 6 | | | |
| | | *Start up* - implementação do processo *presenciar* | Calendário de rituais de presença | Cumprimento e avaliação das reuniões | | | | |

| Or. | PASSO | DETALHAMENTO | PRODUTOS | CRITÉRIOS DE MEDIÇÃO | Cap. | INÍCIO | FIM | AVAL. |
|---|---|---|---|---|---|---|---|---|
| 10 | Ritual nº 8<br><br>Mapas | Apresentação para liderança e assessores sobre os mapas da informação, impactos e rituais (porque, como, e o quê) | Mapas da informação, impactos e rituais e responsáveis pela atualização das informações definidos | Mapas atualizados conforme periodicidade definida | - | | | |
| 11 | Ritual nº 9<br><br>Passagem de bastão | Definição da equipe da TC2<br><br>Apresentação do "Livro da TC1" pelo coordenador<br><br>Elaboração do cronograma de implementação da TC2<br><br>Definição clara do papel de cada um | Mapa da tarefa TC2<br><br>Papel de cada um definido | Teste antes e depois da apresentação pelo coordenador da TC 1<br><br>Teste antes e depois da reunião inicial com a equipe, sobre os fatores-chave para o sucesso | 3 e 11 | | | |
| | | Start up - implementação da micro-organização tarefa crítica 1 | Cronograma para os próximos seis meses. | Acompanhamento do cronograma | | | | |
| 12 | Ritual nº 10<br><br>Processo de inovação | Apresentação sobre o processo de inovação<br><br>Definição da equipe que conduzirá a implementação do processo de inovação<br><br>Elaboração - cronograma para implementação do FCS 2 | Equipe definida e sensibilizada<br><br>Papel de cada um definido | Teste antes e depois da apresentação do processo de inovação | - | | | |
| | | Start up - implementação do processo do FCS 2 | Cronograma para os próximos seis meses | Acompanhamento do cronograma | | | | |

Ferramentas de acompanhamento e controle do SuperFoco:

- Painéis de bordo (TC e FCS)
- Painéis de sensorização (TC)
- Mapas da informação
- Mapas dos impactos
- Mapas dos rituais
- Medição da eficiência e eficácia de cada um dos quatro pilares (foco, motivação, presença e rituais)
- Medição da efetividade da organização
- Como está o cumprimento da missão e o alcance da visão e dos objetivos estratégicos

# ANEXO II

**Ferramentas para medir o desempenho, acompanhar e controlar o Superfoco**

## SuperFoco Visual:

- Painéis de bordo (TC & FCS) – Poucos indicadores que permitem avaliar o comportamento dos processos relativos aos FCS & TC.
- Painéis de sensitivação (TC) – Poucos indicadores que buscam antecipar o futuro (Feedforward).
- Mapa da informação – Onde e quando são registrados os dados (eventos), como e por quem? Onde e quando são transformados em informação, como e por quem? Onde e quando essa informação é distribuída, como e por quem? Para os FCS e TC.
- Mapa dos impactos – Quais são os impactos no balanço, demonstrativo de resultado e fluxo de caixa decorrentes dos FCS e das TC?
- Mapa dos rituais – Onde e quando são realizadas reuniões na organização? Quantas delas estão associadas aos FCS e as TC?
- Medição da eficiência e eficácia de cada um dos quatro pilares (foco, motivação, presença e rituais) – Quão bem estamos em cada um dos pilares?
- Medição da efetividade da organização – Como está o cumprimento da missão e o alcance da visão e dos objetivos estratégicos?

### Como medir o resultado do Superfoco?

- Eficiência do macroprocesso FOCAR – Os rituais de acompanhamento e controle dos FCS e das TC estão sendo realizados de forma eficiente? Isso é medido pela disciplina no cumprimento das agendas e metas estabelecidas.

- Eficácia do macroprocesso FOCAR – Os FCS foram bem definidos? Quantos FCS já foram efetivamente implementados? As TC foram bem definidas? Quantas TC já foram efetivamente implementadas?

Por exemplo, se tivermos adotado 5 FCS e 5 TC e tivermos implementado 2 FCS e 2 TC, teremos 40% de nosso foco atendido, porém pode-se considerar que o resultado é superior a 40%, já que os FCS e TC foram hierarquizados de acordo com seu potencial de alavancar os resultados. Logo, os primeiros implementados têm peso maior.

- Eficiência do macroprocesso MOTIVAR – As reuniões mensais do RH com coordenador das TC para acompanhamento e controle do programado foram realizadas? E as ações dos fatores motivacionais? As expectativas estão bem alinhadas?

Por exemplo, pode-se avaliar a evolução dos gráficos de radar relacionados aos fatores motivacionais e alinhamento das expectativas.

- A Eficiência do macroprocesso PRESENCIAR – O calendário de visitas foi cumprido? E o de roteiro de visitas?

Por exemplo, pode-se avaliar o resultado da pesquisa realizada após cada ritual de presença.

- A Eficiência do macroprocesso RITUALIZAR – O passo a passo para a realização de uma reunião eficiente está sendo seguido em todas as reuniões?

Por exemplo, pode-se considerar a avaliação da reunião, realizada com o respectivo check list.

Além dos itens acima, no Superfoco adotamos três painéis e três mapas para visualizar os resultados:

- Painéis de bordo (TC & FCS)
- Painéis de sensivização (TC)
- Painel de medição da eficiência e eficácia de cada um

dos quatro pilares (foco, motivação, presença e rituais)
- Mapa da informação
- Mapa dos impactos
- Mapa dos rituais

# ANEXO III: GLOSSÁRIO

Como nos diz Edward De Bono, "o poder das palavras" é para a mente o que os HPs são para um automóvel. Da mesma forma como o petróleo é o combustível de um carro, as ideias são o combustível que mantém a mente funcionando. Mas existe um meio de transformar esse combustível em energia útil. Na mente nós temos "palavras" que tomam as ideias e as agrupam de forma a torná-las tangíveis e usáveis. As palavras são pacotes de conveniência. Com uma palavra certa nós podemos expressar uma ideia complicada que seria difícil expressar sem ela.

A seguir algumas palavras que o ajudarão a expressar melhor as ideias desse livro.

## Eficácia, Eficiência e Efetividade

**Eficiência.** A eficiência consiste em fazer certas as coisas. Geralmente está ligada ao nível operacional, como realizar as operações com menos recursos – menos tempo, menor orçamento, menos pessoas, menos matéria-prima etc. Por exemplo, um sapateiro que trabalha sozinho, por encomenda, e sabe o que fazer, tem que comprar os insumos (couro, cola, cadarço, etc.) para fazer o sapato. Ele deve ser eficiente, fazer a tarefa de forma certa com o menor uso de recurso, ser habilidoso e rápido. Isso é ser eficiente, fazer as coisas de forma certa. Eficiência é utilizar produtivamente os recursos.

**Eficácia.** A eficácia consiste em **fazer as coisas certas**: geralmente está relacionada ao nível **gerencial**. No caso do sapateiro acima, como ele trabalha sozinho, a eficiência e a eficácia se sobrepõem. A eficácia trata de fazer com que as coisas certas sejam feitas. O conceito de eficácia surge quando há divisão de tarefas entre pessoas, quando aparece a possibilidade de fazer coisas que não são importantes, que não são as coisas certas, mesmo que elas possam ser feitas com muita eficiência. Eficácia é fazer o que deve ser feito. É a capacidade de realizar objetivos, de cumprir metas, de realizar o que foi proposto.

**Efetividade.** A efetividade diz respeito à capacidade de promover resultados pretendidos. Efetividade é realizar a coisa certa para transformar a situação existente. Podemos dizer que a efetividade é a obtenção de resultados através da ênfase na percepção do cliente. Significa que existe atendimento das expectativas do cliente, através de uma ação planejada e programada para satisfazer os seus desejos. É fazer o que tem que ser feito tendo a capacidade de atingir objetivos utilizando bem os recursos disponíveis; capacidade de ser eficaz (objetivos) e eficiente (usar bem os recursos) ao mesmo tempo; realizar a coisa certa para transformar a situação existente. Efetividade é uma dimensão relativa. É uma dimensão que vai além de fazer uma tarefa da melhor maneira possível e com menor desperdício de recursos (eficiência) ou de atingir um resultado esperado com exploração do potencial e otimização das tarefas (eficácia).

A efetividade é relativa no conceito de explorar a satisfação de uma necessidade com equilíbrio. A efetividade vai além da capacidade de fazer uma coisa (eficácia) da melhor maneira possível (eficiência). Digamos que é um despertador que me acorda no horário correto, tem um bom custo/benefício (eficaz), que é simples de programar, que tem uma música suave (eficiente), e me deixa de bom humor.

A obtenção de resultados através da ênfase na percepção, do atendimento de expectativas, através de ações planejadas para satisfazer necessidades do cliente. É um conceito que tem um cunho "sensitivo", o que significa que há comprovação, pelo cliente, dos resultados alcançados, dentro de uma margem de produtividade no uso dos recursos também é um conceito de Efetividade.

## Função

É um tipo de ação específica. É um papel a desempenhar. Por exemplo, qual é a função de uma chave de fenda? O propósito de uma chave de fenda é desenroscar ou enroscar parafusos, mas a função dela é bloquear o parafuso e girá-lo. Colocado de forma simples uma função é um processo que transforma energia ou recursos de um estado para outro. Assim sendo devemos observar três pontos-chave nessa definição. Devemos observar uma série de coisas que são entradas, um processo que muda essas coisas de alguma forma e finalmente temos uma ou mais saídas.

## Indicadores

Os indicadores são as relações entre as variáveis representativas de um processo que permitem gerenciá-lo. São grandezas resultantes da relação matemática entre duas ou mais medidas de desempenho, cujo objetivo é dimensionar o comportamento de um processo, inclusive seus resultados, permitindo, através da comparação com padrões estabelecidos, melhor gerenciá-lo. Como o próprio nome já diz, indicam o que está ocorrendo em um processo. Eles são a base para uma ação de melhoria.

## Índice

É o que serve para indicar, mostrar. É um número que dá ideia de proporção ou que é obtido estatisticamente e mostra o grau ou nível atingido por determinado fenômeno, ação, etc., em comparação com outro(s): índice de aprovação, de audiência, de preços.

## Medidas de Desempenho

São as medições que quantificam o estado de um processo ou de seu resultado. Por exemplo, unidades produzidas, número de reclamações e quantidade de sucata gerada são medidas de desempenho se houver condições de medi-las. Porém, a utilização dessas medidas isoladamente não propicia uma visão sistêmica necessária para se gerir um processo.

## Método

É uma palavra que provém do termo grego methodos ("caminho" ou "via") e que se refere aos meios utilizados para chegar a um fim. É uma técnica; um modo usado para realizar alguma coisa. Pode ser definido também como uma reunião dos meios pelos quais é possível alcançar um objetivo: método para tornar as organizações mais efetivas.

## Padrões

São valores definidos como referência para um processo.

## Processo

É um conjunto de atividades que transforma entradas conhecidas em saídas desejadas. É um conjunto de atividades destinadas a produzir produtos ou serviços desejados pelos clientes, de acordo com uma lógica preestabelecida e com agregação de valor. Ou ainda, qualquer atividade exercida por uma pessoa ou grupo de pessoas em uma organização, onde exista uma entrada (insumo), um processamento (transformações) e uma saída (produtos ou serviços).

## Sistema

É a interconexão de um conjunto de elementos coerentemente organizado de forma a realizar alguma função. É uma entidade que mantém sua existência e funções como um todo por meio da interação de suas partes. Ou ainda, é um conjunto de partes organizadas e interconectadas em um modelo ou estrutura que produz um conjunto de comportamentos característicos, normalmente classificados como função ou propósito. O termo função é geralmente adotado para um sistema sem a participação humana e o termo propósito para sistemas com a participação humana. Finalmente, os sistemas são a funcionalidade que emerge da interação de um conjunto de elementos. Eles são definidos pela função que desempenham.

ISBN 978-85-68657-09-6